上海社会科学院法学研究所学术精品文库

外商投资准入国民待遇与负面清单管理法制研究

王海峰 著

上海三联书店

总　序

　　上海社会科学院法学研究所成立于 1959 年 8 月,原名"政治法律研究所",是我国成立最早、规模最大、最早招收研究生的地方社科系统法学研究机构。

　　法学所的历史可以追溯到 1952 年由原圣约翰大学、复旦大学、南京大学、东吴大学、厦门大学、沪江大学、安徽大学等 9 所院校的法律系、政治系和社会系等合并组建成立的华东政法学院,1958 年华东政法学院并入上海社会科学院,翌年成立了上海社会科学院政治法律研究所。彼时上海滩诸多法学大家汇聚于斯,潘念之、齐乃宽、浦增元、张汇文、卢峻、周子亚、何海晏、丘日庆、徐开墅、徐振翼、肖开权、郑衍杓、陈振国、李宗兴、程辑雍等均在各自领域独当一面、各领风骚。1984年,东吴大学上海校友会也正式在上海社会科学院注册成立,成为东吴法学的精神传承,一时颇有海派法学的大气候。

　　1979 年复建后,"政治法律研究所"正式更名为"法学研究所"。作为南方地区的法学理论研究重镇,在中国社会经济快速发展的浪潮中,法学所勇立潮头,不断探求中国特色社会主义法治的发展规律,解决我国改革开放和现代化建设中的现实问题。法学所在法理学、公法学、国际法学、刑法学和民商法学等领域为国家法治建设鼓与呼,在新时期法学学科建设、民法通则制定、港澳回归、浦东开发等重要历史性事件进程中均做出了重大贡献。

进入新世纪,随着国家科研方针政策的转型以及各大高校法学研究的崛起,社科院系统的体制模式受到重大挑战,加上老一辈学人的隐退,法学所也开始了二次创业的征程。近年来,法学所通过"内培外引"大力加强人才梯队建设,引进和培养了一批在国内有影响力的中青年学者,特别是一批青年才俊陆续加入,他们充满朝气,基础扎实,思想活跃,承载着法学所的未来与希望。通过不断提高学科队伍建设、夯实智库研究基础,法学所得以进一步加强和形成了"经济刑法""租借·租借地等特殊地区研究""刑事法创新学科""法治中国及其上海智库实践智库""比较法学""生命法学""党内法规""青少年法学"等多个优势学科和特色研究团队。如今的法学所安立于古典而又繁华的淮海中路的静谧一角,立足上海,面向全国,以"国家高端智库"和院"创新工程"为平台,坚持学科建设和智库建设双轮驱动,在法学研究领域焕发出新的生机。

为弘扬学术精神、传播学术成果、传承学术血脉,我们策划了"上海社科院法学所学术精品文库"。法学所科研人员的重要理论成果和学识智慧,将收入本文库,以期学脉绵延,薪火相传,续写法学所的当代辉煌篇章。本文库主要由两部分组成,一部分是法学所科研人员的重要学术专著,另一部分是法学所青年学术沙龙系列。前者秉持学术为本、优中选优的原则,遴选并最终确定出版的著作,后者是对法学所学术品牌青年法学学术沙龙的整理。在条件成熟时,本文库也将陆续整理出版老一辈法学所专家的代表性作品。

文章千古事,希望纳入文库出版的作品能够不负学术精品之名,服务国家法治建设与社会发展,并能够历经岁月洗礼,沉淀为经世之作。

是为序。

上海社会科学院法学研究所所长、研究员、博士生导师
姚建龙
2020 年 7 月 30 日

摘　要

　　尽管学术界对区域经济一体化是多边贸易体制的"积木"（Building Blocks）还是"绊脚石"（Stumbling Stone）的问题争论不休，在实践中，各国仍然按照各自的战略规划，不断构筑以自己为中心的"轮轴-辐条"（Hub and Spoke）体系，从而使"意大利面碗"效应（the Spaghetti-bowl Phenomenon）与日俱增。在这一过程中，区域贸易投资协定成为追求高水平的投资规则的推手。

　　国家之间相互给予准入前国民待遇是实现更大程度经济一体化意愿的表现，但没有一个国家同意给予无条件的准入前国民待遇。为了平衡外资保护与东道国主权之间的关系，缔约国一般以协议附件的形式，在负面清单中列举与协议义务相左的各项不符措施，对准入前国民待遇等协议条款进行保留。列入负面清单的不符措施的性质、水平和部门分布体现了缔约国在外资准入方面的实际限制程度和灵活性方面的偏好。根据国际经验，负面清单分为现有不符措施和未来不符措施两类清单，其中对现有不符措施又可施加"停止"或"回转"机制的约束。

　　在国际投资立法中，如果一国采用或接受了外资准入的负面清单模式，那就意味着该国对外资准入承担"非禁即入"的国际义务。但是，对于该国而言，负面清单不仅仅是一张张包括各种不符措施条款的表格，还需要在协定或条约中建立与负面清单相适应的其他条约义务，以及在国内建立起与"非禁即入"的国际义务相适应、相衔接、相配套的国内制度，从而使国际义务能够全面地在国内得以履行，在保障各类市场主体皆可平等自由进入清单外事项的同时，维护本国的经济主权与安全。例如,为了细化协议条款,使准入前国民待遇例外条款在国内具有可操作性,各缔约国以国内立法的形式对例外规定加以规范,形成与国际协定的对接机制,从而建立负面清单管理的国内"安全阀"机制。"安全阀"机制的设立与完善是东道国制衡投资自由化、维护本国经济主权的重要法宝。各国在建立国内"安全阀"机制时,主要基于对国家主权和经济安全、国家的经济发展水平及企业的国际竞争力等因素加以综合考虑。

尽管目前中美 BIT 谈判停滞不前,但是谈判的前景应该是乐观的。有关负面清单模式下的准入前国民待遇标准有可能在未来的中美 BIT 谈判中达成。

我国应从国际、国内两个层次构筑与完善我国的外商投资准入国民待遇与负面清单管理法制。从国际层面上看,我们应当在我国自贸区战略的指导下,构筑以我国为中心的"轮轴-辐条"体系:多边贸易体制下,坚持以正面清单为模式的准入前国民待遇标准;区域贸易体制下,警惕投资自由化导致的贸易转移效应;双边协定中,基于对等互惠原则,具体比较分析各谈判国与我国的产业现状,分别采纳以不同的负面清单为模式的准入前国民待遇标准。未来的中美 BIT 谈判中,中方关注的核心问题仍然是东道国如何实行准入前国民待遇和如何在面临金融危机的情况下实施审慎监管措施的问题。我们认为,在 BIT 谈判中,中方至少要从以下几个角度来维护国家利益:1. 我国在制定负面清单时,必须要体现我国产业保护的核心利益,与国家产业逐步自由化政策相呼应,采取分类制定负面清单的方法,保留有条件地扩大负面清单的权力。2. 我国应当在准入前国民待遇条款的例外情形问题上与美国达成一致意见,并将其在 BIT 文本中予以制度化,尤其是要关注金融安全例外条款。3. 中方要以中美 BIT 谈判为推手,要求美方在其国家安全审查标准、高新技术投资限制、中国汇率制度等方面澄清观点,并与中方达成共识。

负面清单管理制度已经成为中国当前激发市场活力、改善政府与市场关系、推进改革进程的重要着力点。现阶段,自贸区负面清单、市场准入负面清单、外商投资准入负面清单这三份负面清单各司其职,非自贸区各政府部门需做好外商投资准入负面清单、市场准入负面清单与政府核准的投资项目目录的规则衔接工作。

　　与此同时,我们健全完善与负面清单管理模式相适应的制度环境,主要包括：1.完善市场主体制度与产权法律制度;2.制定并完善我国产业经济法,确立产业逐步自由化制度;3.进一步完善事中、事后监管制度;4.全面构建负面清单管理的透明度机制;5.完善负面清单管理的"安全阀"机制。

目　　录

第一章 外资准入国民待遇的
国际法制及发展趋势

一、国际投资立法的投资自由化的产生与发展

(一)"碎片化"国际投资立法的协调与整合

与国际贸易领域已经建立了多边贸易法律体制所不同的是,迄今为止,国际投资领域尚未在全球范围内达成多边投资法律制度。经济合作与发展组织(OECD)曾在 1995 年至 1998 年期间进行了尝试缔结全球性多边投资协定的系列活动,最终未能达成一致,只是起草了一份《多边投资协定》(Multilateral Agreement on Investment,以下简称 MAI)草案。

由于国际社会尚未形成有关投资的多边条约,当前国际投资领域主要依靠各种国际投资协定(International Investment Agreement,IIA)进行调整。一般来说,IIA 可以分为两类,即促进和保护投资的双边协定(Bilateral Investment Treaty,BIT)和经济合作与一体化协定中的投资章节(other IIA),如自由贸易协定(Free Trade Agreement,FTA)中有关投资的规定。在多边投资框架缺失的背景下,各国对于达成双边及区域投资协定保持较高的热情,国际投资法律体系不断扩大。根据联合国贸易和发展会议《2019 年世界投资报告》的统计,截至 2018 年底,国际投资协定的数量达到 3317 项(2932 项双边投资条约和 385 项含投资规定的条约),至少有 2658 项国际投资协定在实施中。

与此同时,涵盖全球大多数主要经济体的几个超大型区域贸易投资协定不断推进,这对全球国际投资协定制度的影响将是相当大的。由于在区域投资协定生效之后,各成员之间的双边协定往往继续生效,国际投资协定体系日趋复杂,碎片化趋势继续发展。

在国际投资立法碎片化发展的同时,国际投资立法的协调与整合也是明流暗涌:一方面,联合国贸发会议正积极引领国际投资协定体制的改革与发展,联合国贸发会议的《投资政策框架》提出了新一代投资政策及投资规则,对加强国际投资体制改革的国际协调提供了有益的指导;另一方面,越来越多的国家认识到改革国际投资协定体系的必要性。近100个发达国家以及发展中国家参照联合国贸易和发展会议的《投资政策框架》《国际投资体系协定改革路线图》,重新审评了各自现有的国际投资协定,其中近60个国家利用上述框架修订或起草了新的双边投资协定范本。在此基础上,各国更重视区域投资政策及规则的协调与整合,一些国家以缔结新一代高标准的投资协定为目标,梳理、修订或重新谈判现有的数量庞大的国际投资协定,几个超大型区域投资协定的谈判已经完成或正在推进,全球范围内的新一代国际投资规则或将形成。可以说,传统的以双边投资协定网络为基础的国际投资体制,正在转变为以区域投资协定为主要基础的国际投资体制,并且将向一个以多边投资协定为基础的国际投资体制演进。

(二) 投资自由化的产生与发展

20世纪80年代以来,国际贸易领域出现自由化趋势,区域经济一体化大大加强。在国际投资领域,为了更加自由地进入国际市场,自由地在东道国开展经营管理,获取更多的利润,投资自由化规则受到发达国家的推崇,发达国家对国际投资提出更高水平的自由化要求,并积极推动发展中国家放宽对外国投资的法律管制。

与此同时,发展中国家为了引入外资发展经济,也逐步减少了对外资的限制。发展中国家大力吸收外商投资,以学习先进的技术和管理经验,带动国内产业发展,发展本国经济。20世纪80年代以来,广大发展中国家改变了以往举借国际贷款的实践,转而吸收外国直接投资。外国直接投资的进入,给广大发展中国家带来雄厚的资金、先进的技术以及科学的管理经验,带动产业升级。

可见,发达国家与发展中国家对发展经济的共同诉求,使得两者在放松对外国投资的法律管制问题上存在共识,发达国家与发展中国家就国际投资问题的博弈和合作,共同推动了国际投资自由化的出现。[①]

1. 投资自由化将是国际投资立法的主旋律

传统的双边投资协定大多属于投资保护协定的性质,缺乏投资自由化的规定。随着国际投资活动的日益发展,越来越多的双边投资协定、区域性的投资立法规定了投资自由化的内容。

投资自由化(Investment Liberalization)是经济全球化的实质性内容。根据联合国贸发会议的定义,投资自由化指政府将全投资环节交由企业本身,减少或者不再对企业的投资行为给予类似限制或鼓励政策,而是为所有个人或企业投资者创造公平、稳定、透明的市场环境。在国际投资协定中,准入前国民待遇、负面清单、禁止业绩要求、体现"赫尔原则"的征收补偿条款以及接受 ICSID 的管辖权等被认为是投资自由化在国际投资协定中的体现。[②]

根据联合国贸发会议《2019 年世界投资报告》,大多数新投资政策措施仍然以促进自由化和便利化为发展方向。许多国家取消或降低了各种行业对外国投资者的准入限制,自由化措施影响的行业,主要包括农业、媒体、采矿、能源、零售贸易、金融、物流、运输、电信和互联网等业务。此类措施的 60% 为亚洲发展中国家所出台的,一些国家推进了国有公司的私有化。此外,简化或精简外国投资者行政手续的趋势仍在继续,例如取消一些审批要求或开设在线申请门户。许多国家还为特定行业或地区的投资提供了新的财政激励措施。

---

① 黄家勇:《国际投资自由化规则及对中国双向投资体制改革的建议》,2017 年上海社会科学院硕士论文。

② 曾艳:《中国国际投资协定升级问题研究》,对外经济贸易大学 2018 年博士学位论文。

不可否认的是,自由化仍然是晚近国际投资政策发展的主要方向。作为世界上最大的发展中国家,中国在国际投资条约的实践中首先应该顺应这种自由化的趋势,合理利用其为本国的经济利益服务。

2. 投资便利化逐渐成为国际投资谈判的重要议题

投资便利化与投资自由化息息相关,主要指投资者在跨国投资过程中所涉及的各种程序简便、协调、稳定和可预见。投资自由化在一定程度上保证了投资便利化。降低外资准入审批门槛、减少投资者权利的限制、提高行政效率、创造公平公开的投资环境、减少腐败的发生、提供外资进入需要的信息服务和国际政策的协调等都属于"投资便利化"的范畴。[①]

根据联合国贸发会议提出的《投资便利化行动方案》,投资便利化措施包括 10 个方面的内容:(1)促进投资政策、法规及程序制订的透明度,并确保投资者能及时、方便地掌握这些政策、法规和程序;(2)提高投资政策执行的可预见性及连贯性,防止监管机构执行的随意性;(3)提高外资监管程序的效率及有效性(包括精减注册、许可及税收程序等);(4)与相关各方建立良好的沟通与合作(如与投资者定期磋商等);(5)成立专门机构或申诉专员(Ombudsman)解决外国投资者申诉、听取投资者意见;(6)建立跟踪、审评投资便利化措施实施情况的机制;(7)促进投资便利化领域的国际合作;(8)加强发展中国家在投资便利化领域的能力建设;(9)帮助发展中国家改进投资政策与投资促进工作;(10)推动在国际投资协定中增加投资便利化条款。

从各国外资立法和国际投资立法来看,上述 10 项投资便利化措施还不是投资立法的主体制度。从国家层面,各国政府更热衷于为外资提供各种优惠政策,而不是从根本上解决阻碍外资流入的障碍。联合国贸发组织对国际投资政策的一项调查显示,各国在过去 10 年新采取了 1000 多项外资政策。其中,323 项为投资促进与便利化措施,但这些措施主要涉及财政税收激励措施,仅有 24% 属于具体的投资便利化

---

① 曾艳:《中国国际投资协定升级问题研究》,对外经济贸易大学 2018 年博士学位论文。

措施。也就是说,对于外资流入的主要障碍,如模糊的法律规定及程序、对外企经营活动的繁琐要求以及外资经营环境存在的问题,缺乏实际有效的举措。在国际层面,目前的国际投资协定体系重投资保护,轻投资便利化,现存的 3300 多个国际投资协定几乎都没有具体的投资促进及便利化措施。根据联合国贸发会议对 1200 多个国际投资协定的调查,这些协定中仅有 22% 含有某些涉及投资便利化的条款,即使这些协定也都很少含有切实有效的便利化措施。

值得关注的是,在跨国企业全球价值链的推动下,全球投资与世界贸易已紧密联系在一起。投资便利化与贸易便利化同等重要、相辅相成。世贸组织已于 2014 年就贸易便利化达成协议。在世界贸易组织,中国牵头阿根廷、巴西等成员方成立了"投资便利化"之友,以期在WTO 的框架下推动投资便利化议题的讨论。此外,投资便利化问题已受到二十国集团(G20)的重视,开始成为国际投资政策领域的热门话题。2016 年 9 月在杭州举行的二十国集团领导人峰会批准了《G20全球投资政策指导原则》,其核心内容可概括为:反对投资保护主义,倡导投资开放、非歧视、透明度、可持续发展、政府对投资的监管权、投资促进及便利化、企业社会责任及公司治理。其中,"投资促进及便利化"指出,"为使经济效益最大化,投资促进政策应具备效用和效率,以吸引、留住投资为目标。与此同时,投资促进应与透明的便利化措施相配合,并有助于投资者建立、经营并扩大业务"。如前所述,全球绝大多数国家都通过投资促进及财政、金融激励措施吸引外国投资,包括出台各种投资鼓励措施和建立经济开发区。该原则要求各国不能过度依赖投资鼓励及优惠政策,更不能为吸引外资降低社会、环境等标准,而是要求各国在促进投资的同时,加强透明的便利化措施,着力通过便利化措施改善企业投资与经营环境,便利投资的建立、经营及扩大业务,如解决外资流入障碍、简化投资流程等。[1]

---

[1]　参见詹晓宁:《全球投资治理新路径》,《世界经济与政治》2016 年第 10 期。

（三）投资自由化规制的具体内涵与晚近发展

传统的双边投资协定大多属于投资保护协定的性质，缺乏投资自由化的规定。随着国际投资活动的日益发展，越来越多的双边投资协定、区域性的投资立法规定了投资自由化的内容。

根据联合国贸发会议的解释，所谓投资自由化主要包括以下几个方面的内容：第一，减轻或者消除所谓的市场扭曲（Market Distortions）的影响。造成市场扭曲的原因可能是外资法中专门针对外国投资者的限制性措施，如外资准入及经营方面的障碍，也可能是外资法有关给予或不给予外国投资者某种优惠措施及补贴的规定。第二，提高给予外国投资者的待遇标准，如给予外国投资者以国民待遇、最惠国待遇以及公平公正待遇。第三，加强对市场的监督以保障市场机制的正常运转，如制定竞争规则、信息披露规则等。[①]

晚近双边投资条约对投资自由化要求的反映，首先体现在倡导外资准入自由、禁止履行要求两个方面，此外，进一步提高投资待遇、强化投资保护和私人投资者在投资争议解决机制中的作用也是晚近双边投资条约迎合投资自由化要求的重要表现。根据贸发会议的数据显示，2015年，共有46个国家和经济体通过了近百项涉及外商投资的政策措施。在这些政策措施中，71项涉及投资自由化及投资促进，13项涉及对外资加强限制或监管，其余12项为中立性措施。投资自由化及投资促进措施占比达到85%，高于过去五年的平均水平。

从现行的国际投资立法实践而言，投资自由化规制主要涉及以下几个方面：

1. 市场准入

投资自由化要求投资东道国放宽市场准入要求，允许外国投资自由进入东道国国内市场。市场准入是指投资东道国允许外国投资进入国内市场的自由程度，包括实体与程序两方面的要求。实体方面的要求包括允许外国投资进入的领域、行业，允许何种形式的投资，投资应

---

① 参见卢进勇：《国际投资条约与协定新论》，北京：人民出版社，2007年版，第6页。

具备的条件,等等,程序方面的要求包括对外资进入的审查程序,如批准制、核准制或备案制等。

2. 国民待遇

国民待遇,是指在相似或同等情况下,东道国给予外国投资者或外国投资与本国投资者或本国投资相同的待遇,即要求的"内外一致"。根据国民待遇,外国投资者在建立所有权和对企业的控制,在货物法律保护以及在劳动法、税法、环境保护法、消费者权益保护法、融资贷款、获取政府援助等方面,与本国投资者享有的权利义务应当一致。根据外国投资在投资设业阶段是否享受国民待遇的标准,可以将国民待遇分为准入前国民待遇和准入后国民待遇。前者要求在外国投资设业阶段,外国投资即享有国民待遇,在准入的领域、准入的条件和程序与本国投资者享有同等权利。

3. 履行要求的禁止

大多数国家,尤其是发展中国家,借助于各种形式的投资措施包括履行要求来对外资进行适当引导,以期外资符合本国经济发展目标。东道国对外资施加履行要求的权力一直被认为是其外资管辖权的体现。晚近国际投资立法开始对东道国这一权力提出质疑。例如,WTO框架下的 TRIMS 协定要求禁止那些对货物贸易产生限制和扭曲作用的投资措施及履行要求,NAFTA 等区域性协议都有该项规定,世行指南与美式双边条约也明确提出了禁止履行要求的规则。

4. 透明度要求

透明度要求东道国公开其涉及外资的全部法律、政策和措施,以便外国投资者能够随时便利地加以了解。随着国际投资的全球化进程,国际投资自由化对东道国的投资制度透明度要求也不断演进。

5. 强化投资者在投资争议解决机制中的地位和作用

外国投资者面对投资东道国的管理,在某些方面必然会与东道国产生分歧,这就会出现投资争议,争议的解决方式也是投资自由化的重大议题。投资者与国家之间争端解决方式经历了从国家本位阶段到投资者本位阶段转变的过程。

　　贯穿整个过程的线索就是投资者主体地位的变化：其权利主体空间范围从国内延伸到国际，从国际法关系的利益主体上升到权利主体。伴随这个演进过程，相关的国际法也在发生变化，用尽当地救济原则就是其中最显著的例证。给予东道国的属地管辖权，投资争议一般依照东道国国内法解决，即东道国当地救济原则。

　　在晚近的国际投资立法中，当地救济原则在解决外国投资者与东道国政府或其自然人、法人之间投资纠纷中的作用不断削弱。在投资者本位阶段上，经历了从以契约为基础的投资者与国家间仲裁到以条约为基础的投资者与国家间仲裁的发展。美式双边投资条约提供了多种争端解决方法，除传统的东道国当地救济外，尚有多种仲裁机构或仲裁规则可供利用，甚至可以运用当事人同意的任何可适用的方法解决投资争议，而且这些方法都可以为投资者选择适用，争议解决的方法选择权主要掌握在投资者的手上，确保了投资者在争议解决机制发起上的主动性。①

（四）国际投资限制措施仍将长期存在并不断演化

　　投资自由化与投资促进代表着国际投资立法的主旋律与发展方向。与此同时，维护东道国对外资采取管理措施的权力仍然是现阶段各国外资监管体系的重要内容。联合国贸发会议《2012 年世界投资报告》中制定了可持续发展投资政策框架，明确了制定外国投资政策的核心原则——监管权。报告提出，根据国际承诺，为了公共利益及尽量减少潜在负面影响，每个国家都有权建立外国投资准入条件，并确定外国投资的运行条件。不少国家在国际协定中通过引入环境保护、国家安全例外、维护金融体系一和稳定的审慎措施等办法，扩大了东道国对外资的监管空间。

　　拉丁美洲的一些国家自 2005 年以来采取了一系列脱离自由化趋

---

① 刘笋：《投资自由化规则在晚近投资条约中的反映及其地位评析》，《华东政法大学学报》2002 年第 1 期，第 41 页。

势的投资限制政策与措施,使得这一地区成为当今国际投资限制政策发展的最主要代表。这些投资限制的措施主要包括:对重要领域的外资企业实行国有化,如玻利维亚于 2008 年对国内最大的电信公司进行了国有化改革,使得政府占有了该公司 50% 的股份;取消一些促进外国直接投资的优惠政策,如阿根廷政府取消了境内外国矿产开采公司在税收上的特权,使得它们必须支付 5% 到 10% 的出口税;退出 ICSID 仲裁解决机制,如玻利维亚已于 2007 年 11 月 3 日宣布退出 ICSID,厄瓜多尔于 2007 年 12 月 4 日声明其不再接受 ICSID 对有关自然资源开采争议解决的仲裁判决。① 根据联合国贸发会议《2019 年世界投资报告》的统计,2018 年,约 55 个国家和经济体出台了至少 112 项影响外国投资的政策措施。其中 2/3 的措施寻求投资自由化、促进和便利新投资;34% 的措施引入了对外国直接投资的新限制或条例——这是自 2003 年以来的最高比例。

除了国有化等传统的投资限制措施之外,在新的国际经贸格局下,国际投资限制措施有了新发展,试图在保护外资权益和维护东道国对外资采取管理措施的权力之间进行更好的平衡,强调基于公共利益保持东道国对外资的管辖权。这些新型的国际投资限制主要包括:

一是强化对涉及国家安全领域投资的限制力度。国家安全一直是传统国际投资限制措施涉及的重要领域,近年来各国在这些领域纷纷出台新的投资限制措施。在发达国家成为主要的资本输出国的背景下,美国、德国、日本等发达国家强化了国家安全审查,不过对国家安全的界定比较随意,并没有明确的定义以及清晰的范围,导致政府以国家安全为由扩大和加强了对外资并购的审查。由于政府干预,2018 年许多跨境并购交易(超过 5000 万美元)宣告失败,至少有 22 笔交易因监管或政治原因受到阻碍或被取消——是 2017 年的两倍。9 笔交易出于国家安全考虑被暂停;3 笔交易因竞争主管机构的关切而被撤销;还有 3 笔交易因其他监管原因被中止;另外 7 笔交易因东道国主管的批

①　马新铎:《论国际投资限制措施的新发展》,《法制与社会》2009 年第 8 期。

准拖延而遭放弃。①

二是扩大对涉及公共事业领域投资的审查范围。近年来,各国也采取了一定措施来对涉及本国公共事业的外国直接投资进行限制,且审查的范围有所扩大。过去对涉及公共事业领域的外国直接投资的审查主要集中在基础设施建设、食品等领域。近年来,这一范围已逐渐扩大至电力、卫生等行业。

三是着手对主权财富基金投资行为进行限制。如德国政府和欧盟正积极努力,试图对在欧洲范围的主权财富基金投资采取相应的措施,并着手研究是否有必要建立一个机构来专门审查此类的并购。发达国家对于主权财富基金的主要顾虑在于这些基金可能被用于购买某些战略产业的股份,从而使得投资方可能获得东道国在这些产业最新的科技信息,进而使本国经济主权甚至政治主权受到影响。

二、"准入前国民待遇加负面清单"是发达国家追求投资自由化的产物

双边投资协定范本,以及美国和欧盟共同发表《关于国际投资共同原则的声明》提出更高标准的投资自由化水平。这一高标准投资自由化水平的核心体现在推行准入前国民待遇和负面清单的管理模式,要求签约国按照这个模式实行范围更广的行业开放,投资自由化水平明显提高。目前美国已经与 40 多个国家和地区签订了以准入前国民待遇和负面清单为基础的双边投资协定。在美国与其他国家和地区签订的自由贸易协定中也往往包括了负面清单内容,例如 2012 年生效的美国—韩国自由贸易协定。

(一)《美国双边投资条约范本》:美国对外投资谈判的蓝本
美国是最早采取全面的准入前国民待遇的国家。20 世纪 80 年

---

① 《World Investment Report 2019》,https://www. un. org,2019 年 12 月 21 日。

代,美国率先在双边投资协定中纳入了准入前国民待遇,接着加拿大、日本、韩国等相继签订了包含准入前国民待遇条款的投资协定。《美国双边投资条约范本》(美国 BIT 范本)作为美国对外投资谈判的蓝本,不仅适用于投资保护协议,也适用于投资开放协议;不仅适用于双边协议,也适用于区域协定,甚至适用于多边协议。

美国 BIT 范本之所以能够起到指导投资开放的作用,源自三个条款的相互作用:首先是在第 1 条中规定了非常宽泛的投资定义;其次是在第 3 条规定了在建立阶段的国民待遇;最后是第 14 条规定了不实施国民待遇和最惠国待遇的例外。这三个规定组合在一起等同于原则上对外资的开放,即以负面清单规定例外的方式对外资实行准入前国民待遇。

根据美国 2012 年 BIT 范本第 3 条的规定,美国 BIT 范本关于国民待遇条款有三项内容:1.缔约一方对缔约另一方投资者在其境内设立、并购、扩大、管理、运营、出售或其他投资处置方面所给予的待遇,不得低于在相似情形下给予该一方投资者的待遇。2.缔约一方对缔约另一方合格投资在其境内设立、并购、扩大、管理、运营、出售或其他投资处置方面所给予的待遇,不得低于在相似情形下给予该一方合格投资的待遇。3.依照前两款规定给予的待遇包括缔约一方的地方政府在相似情况下给予其居民和企业及其投资的权利。

另一方面,美国 2012 年 BIT 范本对"投资"作了一个较为宽泛的界定,根据 BIT 范本第 1 条的规定,"投资"系指一个投资者直接或间接拥有或控制的具有投资特征的各种资产,这些特征包括资本或其他资源的投入、收益或利润的期待、风险的承担等。投资的形式可能包括:(1)企业;(2)企业中的股份、股票和其他形式的参股;(3)债券、无担保债券、其他债务和贷款;(4)期货、期权和其他衍生权利;(5)交钥匙、建设、管理、生产、特许、收益分享及其他类似合同;(6)知识产权;(7)许可、授权、允许和其他根据国内法所授权的类似权利;(8)其他有形或无形财产、动产或不动产,以及相关财产权利,如租赁、抵押、质押和保证。这种概括性规定和列举式清单的界定方法在保证"投资"必不可少的核心内容的同时,保留一定的空间以适应未来新的投资形式发展的需要。

根据美国 BIT 范本,东道国对外资进入领域和条件的普遍审查权被限制,东道国只能在条约附件中对外资准入作出有限的保留。虽然从国际法角度来看 BIT 范本并无法律效力,但其是美国与他国签订双边投资条约的基础,是指导美国谈判的框架。美国为推行其所主张的高标准投资规则,重视与其他国家缔结双边投资条约,以逐个击破的方式,企图使自己所主张的投资标准成为国际社会普遍接受的习惯国际法。在美国的主导及支持下,20 世纪 90 年代《北美自由贸易区协定》(North American Free Trade Agreement,以下简称 NAFTA)、MAI 草案相继出台。两部协定有关外资准入国民待遇的相关规定均受到美国 BIT 范本的影响,并呈现一脉相承的特点,这对外国投资市场准入阶段国民待遇在国际社会的推广起到了促进作用。

我国 2010 年 BIT 范本(草案)第 3 条规定:"在不损害缔约一方可适用的法律法规的前提下,对在其境内投资的运营、管理、维持、使用、享有、出售或处分,缔约一方确保给予缔约另一方的投资者及其投资的待遇应不低于其在相同情势下给予本国投资者及其投资的待遇。"与美国 2012 年 BIT 范本的规定相比较,我国与美国国民待遇条款的区别主要在于:1. 中国 BIT 范本中,国民待遇的享有需符合"不损害东道国法律法规"的前置条件。2. 中国 BIT 范本中对于投资的"设立""并购""扩大"未给予国民待遇。

(二) NAFTA:国民待遇与全面禁止履行要求相结合,"负面清单+一般例外"

由美国、加拿大及墨西哥三国签订的 NAFTA 于 1994 年 1 月 1 日正式生效,这是一项堪称典范的区域性贸易和投资协定。2018 年 11 月,美墨加三国领导人授权签署新的贸易协议——《美国—墨西哥—加拿大协定》来替换已有 25 年历史的北美自由贸易协定。从 NAFTA 关于外资准入的规定可以看出,NAFTA 照搬了美式双边投资条约的投资待遇规则。因而,NAFTA 被西方学者视为多边投资自由化的有代表性的立法。

NAFTA 第 11 章对投资问题作了专章规定。该章的投资规则具有高度自由化的特征,最显著的特点是采取将国民待遇贯彻于外资准入阶段的高度自由化模式,而发展中国家墨西哥的加入,表明发展中国家已经愿意而且能够接受一个高度自由化的多边投资条约约束,因而可能对其他发展中国家起到示范作用。可以说,NAFTA 在某种程度上为区域一体化协定设定高水平的投资准入规则树立了典范,也为未来的国际投资立法提供了一个发展的"定势模式"。

国民待遇规则主要体现于第 1102 条和第 1106 条。这两条基本上使根据国籍而给予的各种形式的优惠待遇成为非法。第 1102 条规定各缔约国必须保证其他成员国的投资者及其投资在相同情形下对于设立机构、收购、扩张、管理、行业、经营、销售及其他投资安排等提供不低于其给予本国投资者及其投资相似条件下的待遇,且不得基于国籍对投资者的董事、发起人资格、投资的出售或处置实施不同于国民的歧视。第 1106 条对各种形式的"履行要求"(Performance Requirement)作了较为全面的禁止,特别禁止传统上为发展中国家所采用的违反国民待遇的歧视性惯例,包括"国内投入要求""国内含量要求""出口实绩要求""贸易平衡要求"及"技术转让要求""生产强制要求"等或将以上各种要求与某些优惠相联系。NAFTA 通过实施国民待遇原则与全面禁止履行要求相结合的方式,将国民待遇条款落到实处。这是NAFTA 投资规则为美国所赞誉的原因之一。

为了协调成员国的外资管辖权和保护区域内外国投资者利益之间的矛盾,NAFTA 投资规则在对投资准入实施高标准投资待遇的同时,允许成员国有一定的保留和例外。NAFTA 投资规则允许成员国在附件中列明某些措施或重要部门,排除适用国民待遇、最惠国待遇或禁止履行要求等规则。NAFTA 第 1108 条允许缔约方采用负面清单的方式对与第 1102、1103、1106、1106 条不符的现行措施进行保留,但这些保留措施应列入每一缔约方的减让表,其中以对第 1102 条、第 1106 条的国民待遇和禁止履行要求条款的例外保留措施为主。

NAFTA 的 3 个附件分别规范了 3 类例外保留：附件 1 是对现有措施和开放承诺的例外保留（Reservations for Existing Measures and Liberalization Commitments），附件 2 是对未来措施的例外保留（Reservations for Future Measures），附件 3 是对政府活动的例外保留（Activities Reserved to the State）。附件 3 是只适用于墨西哥的特别例外措施，考虑到墨西哥的经济发展水平，NAFTA 允许墨西哥以国内法律为根据，将从事某些重要的商业活动的权利保留在墨西哥政府手上，这些为墨西哥政府保留的经济活动包括卫星和电报通信、铁路运输、核能发电，作为公共服务的电力生产和分配，与能源产品和主要石油化学产品的生产、分配和销售有关的活动等。

根据 NAFTA 第 1108 条及附件的相关规定，附件 1 和附件 3 中所列的现有不符措施（Existing Non-conforming Measures）不适用国民待遇和禁止履行要求条款。对于附件 1 中所列的不符措施，成员国可以维持现有措施，但不得采用新的或限制性更强的不符措施，且在可能的情况下负有逐步自由化（Phase-out）义务。附件 2 中所列产业、部门或活动中所涉及的措施也不适用国民待遇和禁止履行要求条款，但成员国在附件 2 规定的产业、部门或活动范围内可以维持现有不符措施，也可以采取新的或限制性更强的措施。

在这三个国家所列的负面清单中，美国和加拿大由于其本身的投资体制就已经较为开放，两国清单较短，美国最重要的例外是海运业，加拿大主要是文化产业的例外；墨西哥的例外清单较长，主要包括能源业、制造业以及根据本国宪法必须由其政府控制的产业。作为 NAFTA 协定中唯一的发展中国家，墨西哥曾经一度主张外国投资者及其投资应受东道国国内法律约束，反对外国在任何情况下以外交手段干预其投资者与东道国之间的争端。从 20 世纪 50 年代后期开始，墨西哥出现了严重的金融债务危机，本国经济对外国资本的依赖程度加深，使得墨西哥对外国投资的态度发生了重大变化，逐步放开了对外国投资的限制。1993 年，墨西哥制定了《外国投资法》，通过这一法律它不仅放开了对于外国投资的限制,而且还完善了对外国投资的保障机制。墨西哥的经验揭示,发展中国家的外资政策和法律制度不是一成不变的,而影响这种变化的决定性因素是国家经济发展的实际需要。

除了以负面清单形式对国民待遇条款进行保留外,NAFTA 第1108 条还规范了国民待遇的一般例外事项,包括为维护国家安全、为维护国际和平与安全而履行联合国宪章义务而采取的必要措施,以及成员国政府采购或国有企业的采购,成员国政府或国有企业提供的补贴或拨款,包括政府支持的贷款、担保和保险等。此外,NAFTA 第2104 条规范了收支平衡的例外,以及许多条款中规定了适用范围限制。

(三) MAI 草案:少数例外十停止、回转条款

继 NAFTA 生效之后,经济合作与发展组织在 1995 年至 1998 年期间进行了尝试缔结全球性多边投资协定的系列活动,最终未能达成一致,只是起草了一份 MAI 草案。

MAI 草案第 3 条至第 10 条对目前外国投资领域的敏感项目作了专门规定,将国民待遇原则扩大适用到外资进入前后各个阶段并实现国民待遇具体化,涵盖技术转让、人员流动、知识产权、就业要求、公共债务、科研开发、公司行为等方面。这些规定都能够有效保证外资准入阶段国民待遇制度的高操作性,体现了高标准保护外资的出发点,充分反映了谈判各方对美国谈判意图和对美式双边投资条约实践的迎合,成为美国实践本国外资立场的一个重要成果。这也是美国积极支持多边投资协议谈判的一个重要原因,即力图通过一个多边条约达到美式双边投资条约不能达到的目的——促使全球范围内各国都做出外资准入阶段国民待遇的承诺。

MAI 草案还对适用国民待遇作了例外规定,成员国可以基于国家安全与公共秩序的需要对国民待遇做出保留,但不得滥用此种保留权利。根据 MAI 草案,成员国在外资准入阶段,除少数做出保留的部门之外,应对外资实行市场准入。这意味着,MAI 成员国不仅要保障已

经在本国境内设立的外国投资者及其投资享有不低于东道国当地投资者和投资在相同情况下享有的待遇，而且除少数例外保留的部门外，只要某一部门或领域对本国投资者开放，就必须对外国投资者开放，这实际上要求东道国逐步放弃对外资的审查权，实质上就等于无条件地开放国内市场，迎合了美国历来的高标准保护外资的主张。

此外，为最大程度地保障外资准入阶段国民待遇的实施效果，MAI草案还规定了"停止条款"及"回转条款"。根据"停止条款"，成员国在MAI实施之后，不得增加新的例外措施；根据"回转条款"，成员国要逐步减少乃至最终取消所有的保留措施。

由于发展中国家没有参与MAI谈判，MAI草案体现了OCED发达国家关于投资自由化的主张与要求，可以说，MAI草案是迄今为止水平最高的有关投资标准的法律文本，其高度国民待遇标准无疑彻底否定了东道国的外资管辖权，这显然超出了发展中国家的经济承受能力，因此，经合组织议定MAI的消息一经向外透露就在各国尤其是在发展中国家间引起一片抗议之声，最终导致MAI的流产。因为MAI草案诸多投资自由化的特性，它在一定程度上代表了国际投资规范发展的最新动向和趋势。虽然MAI草案不具有法律效力，但其关于自由投资准入制度的规定无疑具有极高的研究价值。从完善国际投资规则、促进国际投资自由化的角度看，MAI草案对国际投资法律体制的国民待遇制度向更完善的方向发展，也具有一定的积极推动作用。

三、区域一体化协定成为追求高标准投资准入规则的推手

除专门的投资协定，投资规则也越来越多地出现在那些旨在推动区域一体化的议程中。在区域经济合作协定中，投资自由化被看作是深化成员经济联系、实现经济一体化的重要途径。尤其在那些一体化程度较高的区域贸易协定中，倾向于追求制定高水平的投资规则，最有可能体现各相关方这种追求的就是在投资准入上相互提供更加宽泛的国民待遇，例如，《建立欧洲共同体条约》要求，消除对共同体成员的自

由人和法人在外资准入方面的限制或自由提供服务方面的限制。近年来,在经济利益、文化利益、发展利益的共同推动下,发展中国家期冀实现外国投资的进入与本国海外资本输出的双赢,发展中国家因而在外资准入时期国民待遇问题上的态度有所松动,这就使得区域一体化协定纳入高标准的外资准入时期国民待遇条款成为可能,NAFTA 的签署即是成功的例证。

《跨太平洋伙伴关系协定》(TPP)则是美国在区域经济一体化的进程中追求高水平的投资准入规则的最新例证。作为亚洲国家,我国尤其要关注 TPP 的发展动态。为了配合重返亚太的战略,2008 年美国宣布加入由文莱、智利、新加坡和新西兰四国发起的自由贸易协定,并提出将之扩大为跨太平洋经济伙伴关系协定的谈判计划。至今 TPP 谈判成员国已达到 12 个(美国、日本、加拿大、墨西哥、澳大利亚、新西兰、智利、秘鲁、越南、马来西亚、文莱、新加坡)。自 2010 年 3 月在澳大利亚墨尔本举行 TPP 首轮谈判以来,历经 5 年多的时间,到 2015 年 10 月 5 日,美国、日本、澳大利亚等 12 个国家结束谈判,达成 TPP 贸易协定。2016 年 2 月 4 日,TPP12 个成员国在新西兰奥克兰市正式签署协定。

尽管 2017 年 1 月 23 日,美国总统特朗普签署行政命令,正式宣布美国退出 TPP,但不可否认的是,美国一直标榜 TPP 是"面向 21 世纪高标准、全面的自由贸易协定",一旦这样的高标准范本被推广,不仅是亚太地区,甚至全球许多 FTA 都可能向着这样的协议看齐。2017 年 11 月 11 日,由启动 TPP 谈判的 11 个亚太国家共同发布了一份联合声明,宣布"已经就新的协议达成了基础性的重要共识",并决定改名为《跨太平洋伙伴关系全面进步协定》(CPTPP),新版本的生效条件是 11 国中有 6 国完成国内批准手续即可。

TPP 协议共 30 章,几乎包括了成员之间所有的商业关系,涉及货物和服务贸易自由化和便利化标准、非关税壁垒削减标准、政府采购标准、知识产权保护标准、劳工准则和环境合作标准等具有约束性的新标准。投资规则的高标准是 TPP 的重要特征之一。在美国的主张下,

TPP 对外资采用非歧视待遇和最低待遇标准(Non-discrimination, a Minimum Standard of Treatment),并要求东道国对特定情形的履行要求实行全面禁止,同时,对政府征收行为及投资者与东道国政府间的投资争端解决机制作出规范。此外,TPP 还允许缔约国基于公共利益(Public Interest)的因素行使外资管辖权。TPP 第 9 章为投资专章,分为 A、B 两部分介绍了投资的具体内容和争端解决,并附有 12 个附录与两类负面清单。TPP 规定了全面的国民待遇和最惠国待遇标准,TPP 第 9.4 条(国民待遇条款)、9.5 条(最惠国待遇条款)要求"在投资的设立、获取、扩大、管理、经营、运营、出售或其他处置方面"给予外国投资者或外国投资国民待遇和最惠国待遇。此外,TPP 还规定了最低待遇标准,第 9.6 条规定,"每一缔约方应根据适用的习惯国际法原则给予涵盖投资待遇,包括公平公正待遇和充分保护与安全"。通常东道国违反公平公正待遇标准的情形大致包括透明度不足、司法不公、损害外国投资者合法期待、歧视以及未提供可预见的、稳定的法律与商务框架。

有关投资规则还散见于 TPP 的其他章节之中。就服务贸易而言,TPP 的服务贸易领域采取准入前国民待遇和负面清单的高开放水平,服务和投资条款覆盖全部服务业部门。也就是说,成员方承诺实行全面的服务贸易自由化,但允许成员方根据具体情况采用否定式清单的方式对某些服务行业进行保留。此外,在部门开放方面,TPP 将金融和电信两个服务业部门独立设章。在金融服务方面,TPP 主要关注资本自由流动、自由设立独资的金融机构、金融服务跨境贸易等领域。具体而言,主要就金融机构的市场准入、非歧视待遇、争端解决程序、投资保护、有效的争端解决机制等自由贸易方面进行了规定,但较少关注金融监管方面的内容。在通讯服务方面,TPP 强调确保通讯业的市场竞争和市场准入,主张保障各缔约方电信基础设施的共享、确保各缔约方公共电信服务提供商传输网络的互联互通、对海底电缆电信服务给予非歧视待遇、确保独立的监管机构对电信服务业进行监管、提高透明度、确保企业提出上诉的权利等。

纵观 TPP 协议，TPP 采取准入前国民待遇和负面清单管理的投资规则，并在诸多谈判议题中对东道国可保留的国民待遇例外权限限制得非常严格，如政府采购议题、反垄断规则、国有企业待遇等。例如，TPP 提出了全新的关于国有企业的提案，该议题要求消除国有企业补贴、消除对国有企业海外投资所给予的特惠融资措施、保护外国私营企业经济活动、撤销政府采购的优惠偏好等内容。笔者认为，相比较 NAFTA 而言，TPP 在投资准入与投资保护方面的高标准是有过之而无不及。正因如此，有学者指出：TPP 的挑战在于，如何保证地域扩张的同时还能达成更深层次的承诺，两个目标缺一不可，缺少一个，TPP 都不会是区域主义多边化的有趣方式。

综上，准入前国民待遇和负面清单的外资管理模式是发达国家追求投资自由化的产物。这一模式的推广使用是推动全球经济一体化深度发展的一大助力。CPTPP 和《跨大西洋贸易与投资伙伴协议》(TTIP)就是使用高标准投资自由化作为协定内容。从当前国际投资体制的发展趋势来看，准入前国民待遇已经被越来越多的国家所接纳，并逐渐成为国际投资规则发展的新趋势。根据我国商务部发布的统计数据显示，截至 2013 年，世界上至少有 77 个国家采用了此种模式，涉及的国家既有美国、加拿大、澳大利亚、新西兰、韩国、新加坡、日本等发达国家，也有泰国、马来西亚、印度尼西亚、菲律宾、文莱、越南、墨西哥、智利、秘鲁等发展中国家。

四、中国的自贸试验区是投资自由化与便利化规则的试验田

自 2013 年 9 月首个自贸区——中国(上海)自由贸易试验区设立以来，国内已经有 18 个自贸区分 5 批相继成立，北至黑龙江、南至海南、东至江浙沪、西至四川陕西，从沿海到内陆，在全国范围内形成了"1＋3＋7＋1＋6"的开放型"雁阵"。在这个新"雁阵"中，上海自贸区是"领雁"，各自贸区各有特色，战略定位各有侧重。根据国务院的方案，上海自贸区，是全方位的改革和开放的试验田，面向国际，推动上海成

为国际经济中心、贸易中心、金融中心和航运中心;广东自贸区以深化粤港澳合作为重点,目标建设成为粤港澳深度合作示范区、21世纪海上丝绸之路重要枢纽和全国新一轮改革开放先行地;天津自贸区,战略定位是努力成为京津冀协同发展高水平对外开放平台、全国改革开放先行区和制度创新试验田、面向世界的高水平自由贸易园区,重点发展融资租赁业、高端制造业和现代服务业;福建自贸区,作为大陆与台湾距离最近的省份,率先推进与台湾地区投资贸易自由化进程,把自贸试验区建设成为深化两岸经济合作的示范区,以及建设21世纪海上丝绸之路核心区;等等。

虽然各自贸区各有特色、战略定位各有侧重,但是这些自贸区的一个共同特点就是政府不断精简优化管理体制、加强供给侧改革,各自贸区的制度创新主要从"程序"环节上简化贸易投资的环节、提高效率,[①]从制度优化、制度创新角度推动贸易投资便利化发展,并将试验成熟的贸易投资便利化措施法制化,实现向全国范围内推广。

贸易投资自由化则是从"实体"内容上促进各市场要素的自由流动。[②] 自贸区对贸易投资自由化制度的创新与探索比较明显地反映在海南自贸区与上海自贸区临港新片区的任务与使命上。这两个自贸区分别于2018年9月与2019年8月成立。2018年11月5日,国家主席习近平在首届中国国际进口博览会开幕式上表示,增设中国(上海)自由贸易试验区的新片区,鼓励和支持上海在推进投资和贸易自由化、便利化方面大胆创新探索,为全国积累更多可复制可推广的经验。就上海自贸区临港新片区而言,《中国(上海)自由贸易试验区临港新片区总体方案的通知》赋予了新片区最大限度的自主创新权。新片区拥有自主改革、自主创新、自我管理等权利,更注重在不可复制、不可推广制度上进行差别化试点,实施有突破性的、颠覆性的创新举措,由"贸易投资

---

① 彭德雷、阎海峰:《上海自贸区新片区"新"在哪里》,《第一财经日报》2019年8月12日第A12版。

② 刘笋:《投资自由化规则在晚近投资条约中的反映及其地位评析》,《华东政法大学学报》2002年第1期,第41页。

便利化"向"贸易投资自由化"突破。

　　在上海自贸区试验成功且已经推广到全国其他范围的外资准入国民待遇与负面清单管理制度不仅是一种投资自由化规则,也是一项投资便利化规则。从扩大外资准入范围角度而言,外资准入国民待遇与负面清单管理制度体现了投资自由化;从提高政府工作效率,简化审查流程等角度而言,外资准入国民待遇与负面清单管理制度则体现了投资便利化。

第二章　外资准入国民待遇与负面清单的内涵与特征

一、国际投资待遇标准

国际投资待遇标准,即通常所谓的外国投资者待遇标准,实质上就是外国人待遇标准在国际投资领域的具体体现和适用,构成一国投资法律环境的基础和核心。国际投资待遇标准通常包括公平和公正待遇、国民待遇、最惠国待遇等。

关于公平、公正待遇标准的内涵与外延,目前尚无统一的界定。公平、公正待遇标准规定了东道国必须给予投资者的绝对待遇。《联合国跨国公司行为守则草案》《世界银行外资待遇指南》《多边投资担保机构公约》和 NAFTA《能源宪章条约》等有关法律文件都规定了公平、公正待遇。公平和公正待遇标准主要包括以下几个方面内容: 第一,遵循程序的正当性;第二,确保透明度;第三,保护投资者的正当期待;第四,尽到善意义务;第五,非歧视性原则。①

最惠国待遇标准意味着东道国政府有义务使外国投资者享有该国给予任何第三国投资者的同等待遇,或者不低于该国给予任何第三国投资者的待遇。最惠国待遇标准的法律价值和意义在于创造外国投资者之间在东道国的投资及与投资有关的活动方面所享有的权利和承担

---

① 　卓凡:《国际投资法中的公平与公正待遇标准》,《法制与社会》2015 年第 17 期。

的义务的平等性。东道国为了实施其发展战略,在对各国投资者不造成歧视的同时,可以实施最惠国待遇例外。国际投资条约中的最惠国待遇例外通常包括:"关联国家"或区域性例外、税收事项例外、特定行业例外、"祖父条款"、权利保留等等。

在国际投资法领域,关于国民待遇的内涵有两种观点:其一是国民待遇应当是"不低于"本国国民的待遇;其二是国民待遇应当是"等同于"本国国民的待遇。在实践中,采用第一种"不低于"标准的为多,主要是由于发达国家的积极推进。因为资本输出国多是发达国家,在东道国享有的待遇越高,对其本国资本就越有利。我们认为,国民待遇标准是给予外国投资者及投资的待遇等同于在相似情形下给予本国投资者及投资的待遇。从原则上讲,国民待遇标准是指在相近条件下,在诸如建立、所有权和对企业的控制、与法院和其他官方机构的接触渠道畅通程度、获得法律保护,以及在税法、劳工法、保护消费者权益法和环境保护法方面享受的权利,获得贷款的便利,甚至政府对企业的援助等方面,外国企业与国内企业应享受同样待遇。[①]

从目前国际条约与国际协定来看,各国对国民待遇的适用有扩大化的趋势。这主要表现在以下几个方面:

(一) 外资内涵的扩大

根据联合国贸发会议《2019年世界投资报告》,从2011年至2019年3月,"扩展外国投资的定义"在一些国家的国内立法或国际条约中体现。

我们以 TPP 为例,TPP 第9.1条规定:"投资指一个投资者直接或间接拥有或控制的具有投资特征的各种资产,此类特征包括资本或其他资源的投入、收益或利润的期待或风险的承担等。投资可采取的形式包括:1. 企业;2. 企业中的股份、股票和其他形式的参股;3. 债

[①] 储祥银等译、联合国跨国公司与投资司:《世界投资报告》(1994年),北京:对外经济贸易大学出版社,1995年版,第407、408页。

券、无担保债券、其他债务工具和贷款;4.期货、期权和其他衍生权利;5.交钥匙、建设、管理、生产、特许、收入分享合同及其他类似合同;6.知识产权;7.根据该缔约方法律所授予的执照、授权、许可和其他类似权利;以及8.其他有形或无形财产、动产或不动产及相关财产权利,如租赁、抵押、留置和质押。"TPP第9.1条规定的"投资"范围极为广泛,这对由此而实施的国民待遇来说,相当于加大了国民待遇的适用范围。

更有甚者,世界银行制定的《外国直接投资待遇指南》(Guidelines on the Treatment of Foreign Direct Investment)没有对投资作任何限制。虽然《外国直接投资待遇指南》并非国际法渊源,没有国际法效力,但它对一国的投资立法仍具有指导性意义。

(二)直接规范国民待遇适用领域,限制东道国国民待遇例外情形

世界银行制定的《外国直接投资待遇指南》在准入问题上仅规定了安全例外,并反对给外国投资者附加任何履行要求。再如,TPP第9.1条规定:"投资协议⋯⋯授予涵盖投资或投资者如下权利:1.就国家机关所掌控的自然资源,例如石油、天然气、稀土矿、木材、黄金、铁矿和其他类似资源,如勘探、开采、冶炼、运输、分销或销售的权利;2.代表该缔约方为社会公众的消费提供服务的权利,如电力生产或分销,水的处理或分销,或代表该缔约方为社会公众的消费提供其他类似服务;3.承担基础设施项目的权利,如公路、桥梁、河渠、大坝、管道或其他类似项目的建设,而此类基础设施不是为政府独家或主要使用或受益。"我们认为,TPP从文本上就直接缩小了各签署国在国内立法上对国民待遇例外情形的规制范围,大大扩大了国民待遇的适用范围。

(三)国民待遇的阶段全覆盖

以TPP为例,TPP第9条规定:"在投资的设立、获取、扩大、管理、经营、运营、出售或其他处置方面,每一缔约方给予另一缔约方投资者的待遇应不低于在其领土内在相似情况下给予本国投资者的待遇。"

"在投资的设立、获取、扩大、管理、经营、运营、出售或其他处置方面,每一缔约方给予涵盖投资的待遇不得低于其在相似情况下给予本国投资者其领土内投资的待遇。"我们认为,TPP 将国民待遇全覆盖在投资的各个阶段,"投资"及"投资者"在缔约东道国享受的待遇不低于其本国的"投资"与"投资者"。值得注意的是,该条款对国民待遇的定位较高,"不低于"包括"等同于"或"超过"的意思。

需要明确的是,国民待遇是相对的,而不是绝对的。国民待遇的实现应以一国的国内立法为依据,遵循"国内标准主义"。国际条约所确立的国民待遇条款也需要转化为各国在国内法上的具体法律制度。国际投资条约中的国民待遇标准的例外主要包括:为维护公共秩序、保护国家安全及国家的其他重要利益的例外;与国家宪法和其他法律所反映的社会经济制度相一致的例外;在与发展中国家所宣布的发展目标相关的立法和政策中规定的措施的例外。各国国内法所规定的国民待遇也并非在所有的领域都实施国民待遇,任何一个国家对外商投资领域都有或松或严的限制。

二、国民待遇标准是条约义务而非国际习惯法

国家经济主权原则是国际投资法的基本原则,它赋予了国家管理外国投资和领域内一切商业活动的权利,国家有权根据本国实际情况规定外资进入条件。国民待遇标准并没有在国际投资法上被普遍认可和接受,仅是一项以条约为基础的义务。在国际投资法中,一些投资条约并无国民待遇标准的规定,而是保留了东道国对外资管制的自由。与最惠国待遇标准一样,国民待遇标准也是一种相对待遇标准,但国民待遇标准在国际投资领域的适用远不及最惠国待遇标准适用的普遍和广泛。[1]

---

① *United Nations Centre on Transnational Corporation*, *Bilateral Investment Treaties*, published in 1988 by Graham&-Trotman Limited, p. 55.

在涉及国民待遇标准问题的国际文件中,为使国民待遇标准成为一项被投资政策存在差异的各国认可和采用的待遇标准,通常采取以下途径:一是将国民待遇标准作为一个目标,而不是一项绝对义务,如使用诸如"各国应尽力"之类的用语;二是规定国民待遇标准的特别例外,如国家安全;三是各国同意就影响其他国家的利益的国民待遇标准的特别例外作出通知和协商;四是各国公认国民待遇标准的例外不构成对外国企业给予导致拒绝司法的不公平或不公正待遇的合理根据。[①]

需要进一步分析的是,国民待遇分为准入前的国民待遇与准入后的国民待遇。大多数国际条约对准入后的国民待遇加以规定,但对准入前国民待遇加以限制或不予提及,东道国仍保留对外资限制或禁止准入的绝对权力。

(一) 准入前(准入阶段)国民待遇与准入后(运营阶段)国民待遇

在国际投资法理论与立法上,通常以外国投资机构的建立为准将外国投资活动,大致划分为两个阶段,即外资准入阶段(Admission of Foreign Investment)和外资运营阶段(Operation of Foreign Investment)。据此,国民待遇的适用范围主要可分为外资准入阶段(或称准入前 Pre-establishment)国民待遇和外资准入后(Post-establishment)国民待遇两大类。

狭义上的投资准入又称为"准入权",从东道国角度讲,是资本输入国政府是否允许外国投资进入本国市场、允许哪些国家的投资以何种形式进入本国市场、允许外国投资进入的产业领域,外国投资准入的条件以及给予外国投资者何种待遇等。从投资者角度讲,是国际直接投资进入东道国管辖领域的权利和机会。其实质是东道国有权从本国利益出发,自行决定是否允许外国投资进入,允许外国投资者进入的领域

---

① *United Nations Centre on Transnational Corporation*, *Bilateral Investment Treaties*, published in 1988 by Graham&Trotman Limited, p. 249.

和条件等。广义上的投资准入除了"准入权"之外,还包括"设业权",即东道国是否允许外国投资者在本国进行设业,例如设立代表处、分支机构、子公司等各种类型的永久性的商业存在。一般笼统地称为"投资准入",不将两者做严格区分。

联合国贸发会议将外资准入模式(Admission Model)分为了五大类[1],其中最为典型的有四类,即投资控制模式[2]、选择开放模式[3]、区域性一体化模式[4]和国民待遇及最惠国待遇综合模式[5]。准入前国民待

[1] UNCTAD, *Admission and Establishment*, New York and Geneva. (2002), p. 32.

[2] 在这种模式下,东道国保留了对外资准入的完全控制权。双边或多边投资协定中没有对投资准入规定具体的实施规则,在这种模式下,东道国仅有义务根据本国的法律接受其他缔约国国民或者公司的投资。而投资者在准入的过程中应当遵守东道国的国内法,或者不仅要遵守准入国的国内法,还要符合条约的目的。这种模式虽然看似有一个条约条款专门规定外资准入方面的事项,但实际上外资准入的控制权仍然在东道国手里。发展中国家之间的双边或多边投资协定中比较倾向于采用这种立法模式。例如2001年8月中国与尼日利亚签订的投资保护协定中第2条规定:"缔约一方应促进经济合作和鼓励缔约另一方的投资者在其领土内投资,并依照其法律和法规接受这种投资。"缔约国双方仅有义务各自根据本国国内法促进和保护外国投资,外资准入的实际控制权仍然在东道国手中。

[3] 东道国承诺部分开放外资准入,即正面清单,在这种模式下,东道国以其在双边或多边投资协定中列出行业和部门为依据,承诺部分开放外资准入,即正面清单模式。采用这种模式最典型的是《服务贸易总协定》(GATS)第16条关于市场开放的规定,虽然该条规定了统一原则和一般例外,但是每个成员国所承担的市场准入义务是不一样的,要根据各国在附件中开列的正面清单具体情况具体分析。

[4] 区域一体化模式对于投资准入的规定比较具体,可操作性也比较强,仅对东道国所参与的区域协定中的其他成员国提供完全的外资准入,目的是给该区域内的所有成员提供一个共同的、有具体依据的外资准入实施标准,以促进区域一体化。换言之就是外资准入的决定权不再属于单个的国家,外资准入不是东道国国内法上的管理事项,而是由区域条约或协定中的具体规定来决定。这种模式对于成员国的约束性和指引性很强,很多发达国家倾向于采用这种模式,最为典型的是欧盟,《欧共体条约》第52条至第58条即是典型的例子,逐步取消成员国之间相互投资的限制,对在成员国国民在另一缔约国领土内设立的机构给予与具有成员国国籍的自然人同等待遇。

[5] 这种模式改变了传统的将外资准入的立法权和控制权完全交给东道国的做法,取而代之的是对东道国关于投资准入的立法原则和立法方法进行规定和限制。依据国民待遇或最惠国待遇中更优惠的条件提供完全的外资准入,但可以清单方式列明例外,即负面清单。这种模式是投资准入自由化非常典型的表现,新近出现的双边投资协定和区域性多边投资协定采用此种模式的实践正在增多。北美自由贸易协定(NAFTA)就采用这一模式,其中第1102条规定了国民待遇,第1103条规定了最惠国待遇,第1108条规定了保留和例外。

遇将国民待遇延伸至投资发生和建立前阶段,其核心是给予外资准入权,在企业设立、取得、扩大等阶段给予外国投资者及其投资等同于本国投资者及其投资的待遇,并在国家监管和税收待遇等方面给予法律上和实质上的同等待遇。可以说,准入前国民待遇是传统投资协定采取的控制模式与开放投资体制中的自由模式最重要的差别。准入后国民待遇适用于投资建立之后阶段,主要涉及外国投资者拥有或控制的企业在东道国的运营条件,这种国民待遇在国内法的适用方面提供非歧视待遇,同时允许国内法继续限制外国资本的进入,并在监管和税收待遇上继续实行差别待遇。(见表 2 - 1)

表 2 - 1　国民待遇标准分类及特征

国民待遇标准		特征
准入后国民待遇	有限的	东道国保留较大的自由裁量权
	全面的	适用法律上和事实上的国民待遇,除对国家经济至为重要的特定产业或幼稚产业予以例外保护
准入前国民待遇	有限的	选择准入(Opt-in)、肯定式清单:除非经东道国特别同意,其产业和活动在准入前阶段不适用国民待遇原则,外国投资者在清单内可享有国民待遇
	全面的	否定式清单或负面清单:东道国保留对清单内的产业或措施制定不符国民待遇原则的权限

(二) 正面清单与负面清单

正面清单(Positive List)又称肯定式清单,是指国民待遇并非一个普遍适用的义务,缔约方仅在条约列举的事项上给予外资国民待遇,凡未明确承诺的事项,缔约国无须承担该项义务。

负面清单(Negative List)又称否定式清单,在负面清单模式下,条约所设定的国民待遇义务是普遍适用的,但允许缔约方通过清单方式保留采取或实施不符措施的权利。若没有作出例外安排,缔约方将承担全面的国民待遇义务。两种模式分别体现了"自下而上""自上而下"

的投资自由化路径,其最终目标都是实现投资自由化。① 两者的区别主要体现在如下几个方面(见表2-2):

表2-2　正面清单与负面清单的区别

	国民待遇的义务水平	例外安排设置的难易程度	透明度	对政府执政水平和执政能力的要求
正面清单	低	易	低	低
负面清单	高	难	高	高

　　第一,就缔约国所承担的义务水平而言,负面清单模式要高于正面清单模式。前者从谈判伊始就设置了一个较高的义务标准,国民待遇作为一个普遍义务,除非缔约国在条约中列明例外情形,否则国民待遇义务将无条件适用于所有部门。这种"一次性协议"(One-shot Agreement)的方式,虽然可能会遭遇延宕多时的谈判,但协议一旦达成就会产生一种"自动自由化"(Autonomous Liberalisation)的效果,无须进行后续谈判。后者则采用一种循序渐进的方式。它允许缔约国作出宽泛的保留,形成一个较低的义务标准,然后通过缔约国的后续谈判来逐步推进自由化的进程。显然,这种"选择性义务"可为缔约国预留更多的时间和空间来应对投资自由化带来的各种风险。② 在具体产业或事项的选择方面,缔约国仍保有较大的主动权。③

　　第二,就例外安排设置的难易程度而言,负面清单模式难度也大于正面清单模式。正面清单模式下,缔约国只需要考察本国的优势产业并将其列入清单当中即可。负面清单模式则复杂得多,缔约国不仅需要考察其本国现行的不符措施,而且还需从前瞻性的视角为其未来的不符措施保留必要且合理的空间。不仅如此,谈判时,缔约国还需要通

① 李庆灵:《刍议IIA中的外资国民待遇义务承担方式之选择》,《国际经贸探索》2013年第3期。
② Communication from the European Community and Its Member States,WT/WGTI/W/121.
③ Communication from the Republic of Korea,WT/WGTI/W/123.

过细致的清单设计,构建体系性的例外安排,才能缓解政府所面临的施政压力。

第三,就透明度而言,两种模式各有侧重。负面清单模式下,只有在清单中列出的不符措施,缔约国才有权采取或实施。投资者只需要查看否定清单即可确认缔约国所保留的不符措施范围,并据此作出投资决策。从这点看,这一模式可为投资者提供一个稳定的和可预见的法律环境。正面清单模式则不同。由于它保留的不符措施范围十分宽泛,投资者很难获得准确的信息,因而对投资者而言,其缺乏必要的透明度。但对东道国来说,它明确地列出国民待遇条款的适用范围,可令东道国所承担的条约义务处于较为确定的状态。[1]

第四,对政府执政水平和执政能力的要求不同。负面清单对政府执政水平和执政能力的要求较高。谈判国政府要对本国产业总体水平、国际竞争优势及未来发展方向具有较高的识别能力和判断能力,这对发展中国家或经济转型国家构成很大挑战。这里需要特别指出的是,负面清单还存在相当的不确定性,未来出现的任何新产业或部门将会自动开放,特别是对于发展中国家而言,任何新的产业或部门将毫无例外地面对来自美国等发达成员方的竞争压力。这也是与正面清单最大不同点。

不论是正面清单还是负面清单,都是东道国用于管理外商投资的模式或办法,其差别不在于所列行业清单有没有限制措施,而在于所列行业清单的不同作用,正面清单是"除此之外,概不可为",负面清单是"除此之外,皆可为之"。根据东道国对外资准入采取的不同标准的国民待遇,结合东道国对外资的管理模式,我们总结了四种外商投资管理办法(详见表 2-3):有限的准入后国民待遇是指在准入后阶段给予外国投资者国民待遇的同时,东道国保留着较大的自由裁量权;有限的准入前国民待遇是指国民待遇扩及到准入后和准入前阶段,从而在一定程度上限制了东道国关于外资准入的自由裁量权,但是东道国对自由

---

[1] Modalities for Pre-Establishment Commitments Based on a Gats-Type, Positive List Approach, WT/WGTI/W/120.

化的程度和步伐以及准入的条件仍保留着某种程度的控制权；全面的准入前国民待遇是指东道国承诺给予所有外国投资者准入前的国民待遇，除非这种投资所在的行业或活动领域被东道国采用专门的条约排除在外，一般采取的就是列举负面清单的做法。①

表 2-3　国际上四种不同类别的外商投资管理办法

外商投资管理办法	限制措施	东道国自由裁量权	范例
有限的准入后国民待遇＋正面清单	很多	很大	中国-秘鲁 FTA
全面的准入后国民待遇＋负面清单	较多	较大	美国-日本 FCNT
有限的准入前国民待遇＋正面清单	多	大	GATS
全面的准入前国民待遇＋负面清单	一般	中等	美国-智利 FTA

三、不符措施的规则要点

负面清单在国际贸易投资协定中列明针对外资的与国民待遇、最惠国待遇不符的管理措施，或有关当地存在、业绩和高管人员等要求，不符措施构成负面清单的主体内容。

基于 NAFTA 开创的模式，不符措施是一系列对国民待遇、最惠国待遇以及其他义务的例外措施，需要按照规定格式列表，成为协定的一部分(参见表 2-4)。列入清单的措施的性质、水平和部门分布体现了缔约国在外资准入方面的实际限制程度和灵活性方面的偏好。根据国际立法的相关实践，缔约国对其现有不符措施的表述一般包括如下几个要素：

---

① 参见樊正兰、张宝明：《负面清单的国际比较及实证研究》，《上海经济研究》2014 年第 12 期。

1. 限制性部门(Sector)或事项,指具体的实施不符措施的部门或特定事项。

限制外资进入的行业清单是整个负面清单的重要组成部分,它具体阐明了各成员国外资管控的限制领域及细分领域。从各国负面清单的实践来看,列入负面清单中的行业主要包括交通运输、能源、矿产等基础行业以及电信、农业、林业、渔业、通讯等其他行业。

2. 国内或国际产业分类编码(Industry Classification Code),指与采用不符措施相关的国内或国际产业分类编码。

3. 保留类型(Type of Reservation),指的是不符措施具体所保留的协定义务,一般来说,不符措施一般针对四类原则和规则提出保留,即国民待遇、最惠国待遇、高管国籍要求、禁止业绩要求等,其中针对国民待遇提出保留的不符措施最多。例如,TPP各成员国的投资负面清单载明各国在外资准入领域制定的与国民待遇、最惠国待遇、业绩要求、高级管理人员和董事会四条核心义务中的一条或多条不相符的不符措施清单。

4. 政府级别(Level of Government),指维持不符措施的政府部门级别,即在负面清单中对采取或维持各项不符措施的政府级别作出标示,例如,美国列举的不符措施一般包括联邦政府(Federal Level)、州政府(State Level)及地方政府(Local Government)三个级别,日本列举的不符措施一般包括中央和郡/州/省两级政府。

针对不同行政层级的"不符措施"作了细致的分类,不同行政层级所实施的不符措施的要求不同,可见,不同级别的政府有权采用的不符措施的范围是不完全一致的。根据NAFTA的相关规定,联邦政府有权采取附件1和附件3范围内的不符措施;州级(省级)政府有权在加入协议之日起2年内采取附件1范围内的不符措施,墨西哥州级(省级)政府无权采取附件3中所列的不符措施;地方政府不受负面清单的限制,可以采用任一不符合协议第1102条、1103条、1106条及1107条的保留措施。① 这一规定意味着地方政府颁布的不符措施的范围可不

① https://www.nafta-sec-alena.org,2013年12月26日。

以在附件中列出的清单为限,而联邦政府和州政府的不符措施则必须以附件中所列清单为限。2005年美国—乌拉圭BIT、2004年美国—澳大利亚FTA、2006年美国—秘鲁TPA也采用了类似的规定。[1]

再如,TPP中所涉及的政府层级分为中央(Central)和地方(Regional)两级。这种分级标示可以帮助外国投资者明确具体不符措施所适用的范围以及其效力级别。[2]

5. 法律依据(Measure),指采用不符措施所依据的法律、法规或其他措施。例如,在TPP协议中,大部分成员国在本部分中会就具体管制措施列出全部国内法律、法规依据,TPP中的少量成员国未列出所有或部分国内的法律、法规依据。这里的国内法不仅指国内立法机关制定的宪法、法律,还包括各级政府以及外资管理部门制定的行政法规、部门规章和地方性法规等。

6. 措施的简要描述(Description),指对现有不符措施的保留内容进行说明。例如,在TPP协议中,此部分首先阐明不符措施涉及的领域,然后具体阐明不符措施的内容,涉及领域分为投资及跨境服务贸易两种。不符措施的内容即详细描述针对限制性行业所执行的具体特别管理措施,如禁止性措施、股权限制、投资总额限定、高管和董事会要求、国籍限定、业绩要求等等。

7. 逐步自由化的承诺(Phase-out),指在协议生效之后,缔约国是否承担对不符措施的逐步取消的义务。例如,TPP协议附件1是各成员国列出的中央和地方政府维持的现行不符措施及其延续和更新,不过成员国承诺在未来这些不符措施限制程度不会变得更高,只会维持不变或放松限制。附件2是各成员国所列出的保留权利,成员国在该附件所提及的部门、分部门中可维持现有的不符措施或采取新的限制性措施,不受TPP协议的限制。

从"不符措施"条款的模式来看,美国BIT采用的模式有两种:

---

[1]　马强:《美国BIT中不符措施条款的实践经验与借鉴》,《中国经贸导刊》2014年第1期。

[2]　杨荣珍、陈雨:《TPP成员国投资负面清单的比较研究》,《国际商务——对外经济贸易大学学报》2017年第6期。

第一种模式以 2004 年之前签订的 BITs 为典型,并不采用专门的"不符措施"条款,而仅是在国民待遇条款及其他条款中规定了相应的"不符措施"。采用此种模式的投资协定规定的"不符措施"仅涉及特定产业部门和分部门及事项,具体事项主要通过协议特定条款和附件或协定书加以规定。如 1991 年美国—阿根廷 BIT 第 2 条第 1 款规定,缔约方可以在附属协议中列出的部门或事项方面执行或维持例外措施;第 12 条第 2 款规定,缔约方税收事项也不适用于国民待遇条款。

第二种模式则主要体现在 1994 年 NAFTA、2005 年美国—乌拉圭 BIT 及晚近的 FTAs 之中。这种模式专门针对国民待遇条款制定了"不符措施"条款,结合其他条款中的国民待遇例外条款,层层设防,最大限度地限制了国民待遇条款的适用范围,以保留缔约国对外资准入方面的管制权力。以 2005 年美国—乌拉圭 BIT 为例,该协定第 14 条专门规定了"不符措施"条款,第 15 条"特定形式和信息要求"、第 18 条"根本安全例外"和第 21 条"税收"也规定了国民待遇条款适用的例外情形,加上协定附录所列出的"不符清单",把美国国内法与其他国际投资协定所规定的"不符措施"几乎全部囊括其中。[①]

表 2-4　Schedule of the United States in NAFTA Reservations for Existing Measures and Liberalization Commitments

Sector	Energy
Sub-Sector:	Atomic Energy
Industry Classification	
Type of Reservation	National Treatment (Article 1102)
Level of Government	Federal
Measures	Atomic Energy Act of 1954,42 U. S. C. " 2011 et seq.

---

① 　马强:《美国 BIT 中不符措施条款的实践经验与借鉴》,《中国经贸导刊》2014 年第 1 期。

Sector	Energy
Description	Investment A license is required for any person in the United States to transfer, manufacture, produce, use or import any facilities that produce or use nuclear materials. Such a license may not be issued to any entity known or believed to be owned, controlled or dominated by an alien, a foreign corporation or a foreign government (42 U. S. C. " 2133, 2134). The issuance of a license is also prohibited for "production or utilization facilities" for such uses as medical therapy or research and development activities to any corporation or other entity owned, controlled or dominated by one of the foreign persons described above (42 U. S. C. ′2134(d)).
Phase-Out	None

资料来源：North American Free Trade Agreement，https：//www. nafta-sec-alena. org，2019 年 4 月 12 日访问。

四、对现有不符措施的两种约束机制："停止""回转"机制

一般来说，缔约国根据不符措施适用的时间段分别将其纳入现有不符措施保留清单和未来不符措施保留清单。现有不符措施保留清单包括所有在协定生效后东道国希望保留的不符措施，是负面清单的主体内容。

针对现有不符措施负面清单，缔约国根据其在外资准入方面的实际限制程度和灵活性方面的偏好，以"停止"（Stand-still）和"回转"（Roll-back）机制为约束手段，分别设立两大清单和两种约束。（见表 2 - 5）

以日本为例，到 2011 年 2 月，日本共签订了 12 个自由贸易性质的经济伙伴协定，其中 10 个协定包含投资规则，所有包含投资规则的协定都采用了准入前国民待遇和负面清单相结合的投资保护标准，同时，各协定又对不同的例外产业规定了"停止"和"回转"机制，要求各方按照不同标准将不符措施分别纳入两类清单之中，以将产业高度自由化与国家发展政策相结合。所谓"停止"机制，又称"维持现状"，是指将现

有的缔约各方的不符措施锁定,禁止制定新的或者限制性更强的不符措施;所谓"回转"机制是以前述锁定的不符措施为起点,逐步减少或消除这些措施的自由化过程。可见,相比于"停止"机制而言,"回转"机制对缔约方的限制更严,缔约方不仅不能增加新的或者限制性更强的不符措施,而且还要对现有的不符措施负有逐步减少甚至取消的义务。[①]

再以 2002 年日本与韩国签订的双边投资协定为例,该协定规定的负面清单包括两类:一类是指定部门和事项清单,主要涉及国防、国家安全、公用事业、政府垄断、国有企业等重要产业或事项,凡针对清单中所列的部门和事项采用和维持的措施都免于履行国民待遇等义务,该清单的特点是在指定的部门或事项中不但可以维持现有不符措施,还可以采用新的不符措施,除了在提交格式上的要求外,几乎所有协定对这个清单中的措施都没有具体的要求,也就是说,缔约国没有必须"停止"或"回转"方面的要求。另一类是现有措施清单,包括农、林、牧、渔业,资源产业(石油、采矿业)以及某些服务业(如运输业、电讯业、金融服务业等),对此清单中措施的基本要求是维持现状,凡纳入本清单中的不符措施,不论是中央政府颁布的还是地方政府颁布的都可以延续、展期、变更和修改,但不允许增加新的不符措施,也就是说,缔约国可以维持协定生效之日已存在的不符措施,且附有"停止"或"回转"方面的限制。

五、对未来不符措施的规制:可增加新的不符措施

负面清单模式意味着全面开放未来投资监管体制,即使是那些国内尚不存在的产业,这对缔约国来说具有很大的风险。因此,各缔约国一般都保留对本国尚未出现的产业制定不符措施的权利。这种负面清单针对的是未来可以实行新的限制性措施的部门和活动领域,而不论目前不符措施是否存在于这些部门和领域之中。与现有不符措施一样,未来不符措施也是针对四项原则和规则提出保留,即国民待遇原则、

---

① 余劲松:《中国发展过程中的外资准入阶段国民待遇问题》,《法学家》2004 年第 6 期。

最惠国待遇原则、企业高管国籍要求和禁止业绩要求,其中涉及最多的是对国民待遇原则提出保留。与现有不符措施负面清单相比,未来不符措施负面清单的不同之处是允许引入新的不符措施,目的是为某些领域的未来监管提供更大的灵活性,或者强化现有监管措施。(见表2-5)

表2-5 负面清单的几种类型

现有不符措施负面清单		未来不符措施负面清单
指定部门和事项清单	维持现状,还可以采用新的不符措施	对某些领域的未来监管提供更大的灵活性,允许引入新的不符措施
现有措施清单	维持现状,但不允许采用新的措施或限制性更强的措施	

以日本签订的相关协定为例,各协定对未来不符措施的规定简明扼要。协定中的未来不符措施涉及6个产业和4项措施。这6个产业分别是航天工业、武器及爆炸物制造业、渔业、能源产业、广播业、公共执法等产业,对于这6项产业,日本保留采取与投资这些行业有关措施的权利。4项措施则分别是保留禁止外国人参与国有资产处置的权利;保留采取与补贴有关的措施的权利;垄断行业开放后,仍保留采取与维护、指定和取消公共垄断(包括私营化)有关的措施的权利;在互惠基础上处理外国投资者与土地所有权、租赁权有关的事项。

值得提及的是,尽管各协定中的未来不符措施基本相同,但还是有一些明显差异。比如,对有关补贴提出的保留,在与墨西哥、智利、菲律宾和瑞士协定中,日本明确这项保留仅限于研发补贴,即研发补贴不适用于国民待遇原则,而与马来西亚、印度尼西亚、文莱和印度协定中,日本规定没有明确补贴的用途,而是泛指所有补贴,即所有的补贴都不适用国民待遇原则。[①]

美国是世界上签订FTA和BIT最多的国家之一。BIT和FTA

① 赵玉敏:《国际投资体系中的准入前国民待遇——从日韩投资国民待遇看国际投资规则的发展趋势》,《国际贸易》2012年第3期。

协定均设有专门附件作为负面清单。美国对外签订 BIT 或 FTA 时，尤其是 2000 年之后，越来越重视对不符措施的区分与说明：每项不符措施都附有详细说明，对不符措施适用的投资事务进行了详细说明；每项不符措施附有法律依据，且大多指明了适用的行政级别；涉及同一行业的不同性质的不符措施被分别列出，使对特定行业限制的表述更加清晰。[①] 条约中的负面清单通常包括三个不同的附件，分别对现有不符措施、未来不符措施，以及金融服务的不符措施进行规定：第一个附件为普通负面清单，即列明现存的不符措施（见表 2 - 4）；附件 2 为第二类负面清单，列入第二类负面清单的行业，不仅有现存的不符措施，缔约国还有权利在将来对现存的不符措施进行修改，或是设置要求更高的不符措施，在 BIT 协定订立之初，通常只列明设限行业和法律依据，大多以"保留采取或维持任何措施的权利"来表述，最大程度地扩展了缔约国不符措施的范围，从而使附件 2 的内容更加具有弹性，为将来设置不符措施保留了必要的空间（见表 2 - 6）；第三个附件是将金融服务的不符措施单独列出（见表 2 - 7），在金融服务负面清单中，根据约束力的不同，也区分了现有不符措施和未来不符措施，这些不符措施涉及了金融机构所有权、经营业务权限和政策待遇等诸多方面。由于美国金融服务国际竞争力较强，近年来美国签署的 BIT 和 FTA 中都对金融服务单独规定，追求高标准的金融自由化。[②] 例如，2019 年 1 月的美国与韩国的 FTA 中，美国在附件 3 的 A 部分（Annex III：Non-Conforming Measures for Financial Services），详细制定了金融服务的现有不符措施，例外种类多样，包括国民待遇例外（National Treatment Reservation）、最惠国待遇例外（Most-Favored-Nation Treatment Reservation）、市场准入例外（Market Access for Financial Institutions Reservation）、跨境服务例外（Cross-Border Trade Reservation）、高管雇员或董

[①] 参见陆建明、杨宇娇、梁思焱：《美国负面清单的内容、形式及其借鉴意义——基于 47 个美国 BIT 的研究》，《亚太经济》2015 年第 2 期。

[②] 参见高维和、孙元欣、王佳圆：《美国 FTA、BIT 中的外资准入负面清单：细则与启示》，《外国经济与管理》2015 年第 3 期。

事成员例外(Senior Management and Boards of Directors Reservation),共计 17 项,涉及银行业、保险业、证券业等各金融服务业;附件 3 的 B 部分则是对未来不符措施的规定,涉及的是保险业的市场准入方面。

表 2-6 Schedule of the United States in NAFTA Reservations for Future Measures

Sector	All Sectors
Sub-Sector	
IndustrialClassification	
Type of Reservation	National Treatment (Article 1102) Most-Favored-Nation Treatment (Article 1103)
Description	Investment The United States reserves the right to adopt or maintain any measure relating to residency requirements for the ownership by investors of Canada, or their investments, of oceanfront land.
Existing Measures	

资料来源: North American Free Trade Agreement, https://www. nafta-sec-alena. org, 2019 年 4 月 12 日。

表 2-7 Schedule of the United States with
Respect to Financial Services in KORUS FTA

Sector	Financial Services
Sub-Sector	Banking and Other Financial Services (Excluding Insurance)
Obligations Concerned	National Treatment (Article 13. 2) Market Access for Financial Institutions (Article 13. 4)
Level of Government	Central
Measures	12 U. S. C. 3102(a)(1); 12 U. S. C. 3103(a); 12 U. S. C. 3102(d)
Description	Establishment of a federal branch or agency by a foreign bank is not available in the following states that may prohibit establishment of a branch or agency by a foreign bank: ● Branches and agencies may be prohibited in Alabama, Kansas, Maryland, North Dakota, and Wyoming.

● Branches, but not agencies, may be prohibited in Delaware, Florida, Georgia, Idaho, Louisiana, Mississippi, Missouri, Oklahoma, Texas, and West Virginia. Certain restrictions on fiduciary powers apply to federal agencies. Note：The cited federal measures provide that certain state law restrictions shall apply to the establishment of federal branches or agencies.

资料来源：U. S.-Korea TradeAgreement，https：//ustr. gov/trade-agreements，2019 年 9 月 3 日。

再如，TPP 负面清单同样包括现有不符措施清单与未来不符措施清单。清单涉及的行业可以说是各国重点保护的产业范围，最终列入负面清单的行业可能是出自不同的缘由：有些是涉及本国国计民生的基础产业，有些是本国处于发展初期的幼稚产业，有些则是本国具有国际竞争力的优势产业。其附件 1 是现有不符措施清单，各成员国列出的中央和地方政府维持的现行不符措施及其延续和更新，不过成员国承诺在未来这些不符措施限制程度不会变得更高，只会维持不变或放松限制，涉及的行业主要包括农业、能源和服务业，制造业虽也有涉及但数量较少。其附件 2 是未来不符措施清单，是各成员国保留将来可能采取新的限制措施的行业领域，成员国在该附件所提及的部门、分部门中可维持现有的不符措施或采取新的限制性措施，不受 TPP 协议的限制。附件 2 涉及所有行业的平行限制措施数量最多，表明各国在对待未来可能采取的限制措施方面持更谨慎的态度，做出了更加宽泛的承诺，为各国将来采取新的限制措施保留了尽可能多的政策空间。从附件 2 涉及的具体行业情况来看，不符措施明显增加的行业包括娱乐、文体行业和社会服务行业，这两个行业主要涉及各国的一些特有的风俗习惯和基本的社会服务，表明各国希望在这些方面保留更多的自主管理权限。①

---

① 杨荣珍、陈雨：《TPP 成员国投资负面清单的比较研究》，《国际商务——对外经济贸易大学学报》2017 年第 6 期。

第三章　负面清单管理制度与国际经验

在国际投资立法中,如果一国采用或接受了外资准入的负面清单模式,那就意味着该国对外资准入承担"非禁即入"的国际义务。但是,对于该国而言,负面清单不仅仅是一张张包含各种不符措施条款的表格,还需要在协定或条约中建立与负面清单相适应的其他条约义务,以及在国内建立起与"非禁即入"的国际义务相适应、相衔接、相配套的国内制度,从而使国际义务能够全面地在国内得以履行,在保障各类市场主体皆可平等自由进入清单外事项的同时,维护本国的经济主权与安全。

一、负面清单管理与透明度制度

实行负面清单的最大挑战之一在于要求各国详细披露有关不符措施的信息,包括措施的性质、来源、范围、取消时间等。这种透明度的要求甚至超过了 WTO 的相关规定,不是每一个国家都能够或愿意达到的。对于一个政出多门的国家来说,要想搞清楚所有相关的政策也并非一件容易的事。有关当局必须对本国外资体制进行全面清理与甄别。这是一个很庞大、繁重而艰巨的工作,涉及剔除那些可能会有重复、交叉甚至相冲突的地方。例如,日本签订的有关协定规定,不符措施的透明度管理包括:1. 各方有义务按既定格式披露本国中央和郡/州/省两级政府在协定生效时维持的不符措施。2. 各方要按规定的时间披露上述信息。中央政府措施一般在协定生效时,而郡/州/省级政府的措施可在协定生效后一年或 6 个月之内。3. 不符措施的变更、修改一般要在实施前通知对方,特殊紧急情况下,也要尽可能快地通知对方。4.如果一方变更、修改或新采取不符措施,它有义务应对方的请求,回答有关问题,或与之进行磋商。

（一）美国 BIT 范本中透明度规则的演进

美国政府往往将透明度规则与负面清单管理模式、强化对东道国行政治理的监督等条款捆绑在一起,作为 BIT 谈判与缔结的基础,如正在进行中的中美 BIT 谈判。对东道国政府透明度义务的要求使得负面清单管理模式如虎添翼,规制对政府的责任要求,最大限度地保障了美国投资者在东道国的投资权益。

透明度规则在国际投资协定中的确立与演进主要源于美国对外投资和国际投资立法的发展。作为美国对外谈判与签订 BIT 的模板,BIT 范本在指导美国国际投资立法方面发挥着规范性作用。基于这些范本,美国目前签署了 48 个 BIT,包含投资专章的 12 个 FTA,这些BIT 与 FTA 都订立了透明度规则。透明度制度内涵的变化与演进很大程度上反映在美国 BIT 范本的发展历程中。①

早在 20 世纪 80 年代,美国已成为世界上最大的资本输出国,因此,保护美国投资者的海外权益、改善东道国的投资环境,成为美国对外签订投资条约的主要目的。美国第一代 BIT 范本即是 1983 年范本,后经过了数次修订,形成了 1994 年范本、2004 年范本及 2012 年范本,美国 2012 年范本更是被认为当今保护投资力度最强,推进投资自由化程度最深的投资协定范本之一。随着 BIT 范本的更新,透明度规则经历了"透明度基础规则——透明度规则体系——透明度更高要求"的发展过程,透明度标准不断提高。

1983 年 BIT 范本确立了公开规则,这是透明度基础规则的核心内容。1983 年 BIT 范本第 2 条第 9 段规定:"各缔约方及其地方各级政府

---

① 参见叶楠:《发展中的国际投资协定透明度原则及其对中国的启示》,《武大国际法评论》2014 年第 1 期。

应当将所有与在其境内的他国缔约国国民和公司投资有关的法律、法规、行政实践和程序，以及裁判决定予以公开。"公开义务的规范对象是国家及各级政府，通过对行政权力的规制来强化公民对政府的监督，从而有效保护投资者利益。1994 年 BIT 范本对 1983 年范本的相关条款作了修订，将公开信息内容的范围扩大到对投资造成"影响"的信息，1992 范本第 2 条规定"缔约各方应当将与投资有关或者影响投资的法律、法规、行政实践和程序、司法决定予以公布。"总体上看，20 世纪 80—90 年代，美国投资条约范本一直维持了公布义务这一透明度的基础规则。

2004 年 BIT 范本经历了较大规模的修订，确立了了"一个基础、两个保障、四项例外"的透明度规则体系，即主要以公布义务为基础，以联络点和信息提供制度作为保障信息透明的实施机制，以对国内行政程序和复审、上诉程序的要求作为保障缔约国国内行政治理环境的基本手段，和有损缔约方的法律执行、侵害公共利益、合法商业利益或个人隐私信息的公开例外。与 1983 年范本所确立的透明度基础规则相比较，2004 年范本中的透明度规则系统已经远不是公布义务的单一要求，而是发展到直接介入缔约国国内的立法程序和行政程序，即缔约方尽可能公开一些尚未生效的法律法规草案和行政决定，以给利害关系人和缔约另一方合理机会提出意见；同时，各缔约国还应确保本国国内行政法（包括行政许可、行政强制、行政复议、行政诉讼方面的法律）能够赋予相对人充分行使辩护权和获得合理表达意见的机会，并确保行政机关应当受到司法监督，如复审和上诉机关应当独立于行政执行机关，行政机关必须执行依法作出的复审决定等。由于各国的行政法存在较大差别，2004 年范本试图提取出行政程序和复审、上诉程序应当遵循的共性透明度规则，确保公平公正实施的基本要求。

2012 年 BIT 范本涉及透明度义务要求的条款众多，主要包括第 10 条（与投资相关的法律和决定公布条款）、第 11 条（透明度条款）、第 18 及 19 条（信息公布例外条款）、第 20 条（金融服务条款）、第 12 条（投资与环境条款）、第 13 条（投资与劳工条款）、第 29 条（仲裁程序透明度条款）等。由于 2012 年范本涉及透明度规则的条款众多，我们将这些条款统称为"透明度与利益相关方参与规则"①。与 2004 年范本相比,2012 年范本进一步提高了透明度义务标准,突出强调公众参与与提高透明度之间的关联性,但深度"透明度与利益相关方参与规则"可能对缔约国家的立法程序产生极大影响,可能增加立法难度,造成立法进程的阻滞。

2012 年范本中的"透明度与利益相关方参与规则"主要内容有:

第一,公众对立法程序的深度参与

2012 年范本第 11 条第 3 款进一步细化了公布义务,对公布中央政府法规草案提出 4 项具体要求:(1)应当在一个单独的全国发行的官方刊物中公布拟订中的法规,并鼓励通过其他途径公布;(2)在大多数情况下应尽可能给予不少于 60 日的公众评论期;(3)公布文件中需对拟定法规的目的和基本原理作出解释;(4)在采纳最终文本之时,应在官方期刊或政府网站上公布重要的、具有实质性意义的法规建议,并对重要的修订条款作出解释。

第二,公众对标准制定程序的深度参与

2012 年范本新增第 11 条第 8 款"标准制定"(Standards-setting)条款,规定:缔约方官方或非官方组织在标准或技术法规的制订过程中要允许另一缔约方私人的参与,在允许参与这些措施的制订以及参与中央政府机构合格评定程序的制订方面,任一缔约方给予另一缔约方私人的参与条件,不得低于其给予本国私人参与的条件,WTO《实施卫生与植物卫生措施协议》所定义的卫生与植物卫生措施和政府机构出于自身生产或消费要求而准备的采购细则这两项标准除外。

第三,对透明度实施机制的完善

2012 年范本新增透明度磋商机制,取代了 2004 年范本联络点制度。2012 年范本第 11 条第 1 款要求缔约方应该定期就如何提高双方透明度进行磋商,内容包括缔约双方制定的足以对投资产生影响的法律、法规以及采取的其他措施,以及投资者与东道国之间的争端解决机

---

① 投资利益相关者参与规则,是美国 2012 年 BIT 范本各条款之中所有赋予投资利益相关人参与争端解决机制、产品和技术标准制定过程以及就相关法律法规发表意见和评价权利的所有规则总和,并不特指某一具体条款。

制。联络点通常属于一个政府部门,受其职责和权力所限,联络点沟通协调作用的发挥往往受制于国内行政体制和行政程序的繁文缛节。磋商机制则可以将相关争议或焦点问题进行梳理、汇总、整理,通过缔约双方定期讨论、磋商而加以解决。近年来,中美战略与经济对话、中美商贸联委会、中美商贸法律交流等定期磋商和交流机制是美国政府非常推崇的双边对话机制,实践中确实比联络点制度更有效。[①]

(二) 美国经验

由于各国的法治发展水平不同、外资准入的标准不同以及国家战略的不同等等,各国对于透明度规则的理解和制度需求也各不相同。即使是作为透明度规则积极推动者的美国,高标准的透明度义务也并非一蹴而就,其 BIT 范本的制定和修订都是与其国内法制[②]的发展轨迹相同步的。一般来说,对外资准入实行准入前国民待遇加负面清单管理模式,法治发展相对成熟且积极推动投资自由化的国家而言,可以接受较高水平的透明度规则,这一方面可以提高其国内规制的合理性[③],另一方面也可以最大程度地保护其本国海外投资者的利益。相反,有些国家的法治发展水平不高或正处于经济转型期,对外投资的开放度有限,这些国家对高标准的透明度制度需求愿望不强,或者高标准的透明度制度在这些国家根本就难以实施。

美国不断将其国内法中的制度和理念引入其 BIT 范本,并在谈判中推动其他国家接受"透明政府"的要求,投资条约成为其国内法治理念对外输出和实现国内立法国际化的重要平台。2012 年范本新增的"标准制定"条款,直接反映了美国将本国标准上升为国际标准,并全面介入其他国家标准制定程序的战略思维。我们认为,对那些法治发展水

---

① 参见叶楠:《论美国投资条约中的透明度规则及其对我国的启示》,《北京工商大学学报(社会科学版)》2013 年第 6 期。

② 相关美国国内法制主要包括:《信息自由法》(Freedom of Information Act)《阳光下的政府法》《联邦行政程序法》《2007 年政府公开法》等,其中《信息自由法》自 1966 年颁布后,经过数次修订,每次的修订成果都被吸纳到历次 BIT 范本中。

③ 据 OECD 报告,透明度制度是实现一国规制合理性的保障。

平不高或正处于经济转型期、对外投资的开放度有限的国家而言,如果这些国家的国内立法没有高标准的透明度制度,而在国际协议或国际条约中接受了透明度规则,将会导致该国为了承担其国际义务而修改其国内立法,这就可能会超出其国内立法的现实需求而造成被动立法。

美国将提高东道国的透明度义务,与负面清单管理模式、政府责任机制交织在一起,可以说是美国以其 BIT 范本为模式推进国际投资新规则形成的制度经验。以美国与韩国的自由贸易协定为例,韩国可以保留与投资准入、获得相关的"不符措施清单",但前提是韩国要及时向美国发出书面通知,且这些措施的实施应满足以下几点:第一,符合韩国外国投资促进法、外国投资促进法实施条例及其他法律的要求;第二,只在投资对社会重大利益构成真实的、足够严重的威胁时才能采用;第三,不能以武断或不公正的方式采用;第四,不对投资实行隐蔽限制;第五,与寻求的目标相当。①

二、FTA 或 BIT 中的负面清单实行国别差异

尽管学术界对区域经济一体化是多边贸易体制的"积木"还是"绊脚石"的问题争论不休,在国际实践中,各国仍然按照各自的战略规划,不断构筑以自己为中心的"轮轴-辐条"体系,从而使"意大利面碗"效应与日俱增。在这一过程中,区域一体化协定已经成为追求高水平的投资准入规则的推手。

各国在构筑"轮轴-辐条"体系过程中,针对不同的辐条国,采取不同的谈判策略,实施不同的清单内容。作为发达国家的日本,尽管在与他国签订的协定中采取了准入前国民待遇和负面清单的管理模式,但针对不同的缔约国,日本的负面清单所列明的不符措施也存有差异,如与墨西哥和智利缔结协定中,日本没有将外国银行(总部设在日本之

---

① 龚柏华:《中国(上海)自由贸易试验区外资准入"负面清单"模式法律分析》,《世界贸易组织动态与研究》2013 年第 6 期。

外)在日本吸收的存款排除在储蓄保险法的覆盖范围,而与东南亚各国的协定都规定了这样的条款。[1]

负面清单的国别差异反映了美国理性地对待每一个 BIT 及 FTA 中的负面清单,在充分知悉本国与对方国家产业比较优势的基础上,有针对性地制定负面清单,体现了对双方国家产业的适度保护。美国对外签订的负面清单涉及的行业主要可以归纳为六大领域:一是自然资源及土地的使用;二是能源;三是海洋及航空运输;四是广播及通讯;五是金融、保险及房地产;六是涉及所有行业的水平型限制。尽管不同时期的美国 BIT 在负面清单的内容与表述形式上不完全相同[2],但一般来说,所有 BIT 的负面清单均涉及上述六大领域,但在特定项目和表述形式上仍存在一定国别差异,尤其是 2000 年之后美国与乌拉圭和卢旺达两国签署的 BIT 中负面清单的条款更多,内容更具体,并强化了对金融服务领域的限制,与同期签订的 FTA(美韩 FTA)负面清单相比,国别差异表现得比较明显。

第一,这种差异体现在负面清单的整体结构和表述形式上。美国 BIT 负面清单的整体结构和表述形式具有明显的阶段性特征。但是,少数 BIT 虽然在签约时间上属于某个特定阶段,但其负面清单却采用了其他阶段的架构和表述形式。最具代表性的就是美国与拉脱维亚和立陶宛两个国家的 BIT。这两国都是原苏联的加盟共和国,因此,美国这种做法可能源于政治因素。

第二,这种差异还体现在某些具体项目只针对特别国家。这些具

---

[1]　赵玉敏:《国际投资体系中的准入前国民待遇——从日韩投资国民待遇看国际投资规则的发展趋势》,《国际贸易》2012 年第 3 期。

[2]　美国负面清单的表述方式大致可以分为四个阶段:一是 1983 年至 1990 年,基本特点是负面清单中涉及的行业同时不适用国民待遇条款和最惠国待遇条款;二是 1990 年至 1994 年,基本特点是在负面清单中分别列出国民待遇条款和最惠国待遇条款的例外行业,但实际上在最惠国待遇条款的例外行业基本上也都是国民待遇条款的例外行业;三是 1994 年至 1999 年,基本特点是首先列出一些行业同时不适用国民待遇条款和最惠国待遇条款,之后再列出一些行业仅不适用最惠国待遇条款,是对第二阶段表述形式的优化;第四阶段是 2000 年以后,在这一阶段美国只和乌拉圭和卢旺达两国签署了 BIT,其表述形式与美国 2012 年 BIT 最新范本基本一致。

体项目包括：在土地和资源使用领域针对乌兹别克斯坦和莫桑比克的"政府土地上的矿产资源和管道通行权租赁"；针对约旦的"政府土地上的矿产资源租赁"；海洋和航空运输领域针对刚果的"岸基海运设施"；水平型限制领域针对刚果和喀麦隆的"政府采购"；以及只出现在美国和波兰的 BIT 中的"股权和其他有价证券的出售、供于出售和收购，以及其他的相关服务和活动"。

第三，这种差异还体现在与某些国家的 BIT 所采用特殊条款上。比如，在美国和土耳其、摩洛哥、突尼斯、波兰和阿根廷的 BIT 中的"在公有土地上采矿"和在美国与阿根廷的 BIT 中的"海运及相关服务"都是基于两国互惠安排的；在美国与阿尔巴尼亚和玻利维亚的 BIT 中的"保险"和在美国与格林纳达、乌兹别克斯坦和洪都拉斯的 BIT 中的"银行、证券、保险和其他金融服务"，以及在美国和阿根廷的 BIT 中的"政府债券的一级经销权"，都明确规定不享受与 NAFTA 成员国相同的待遇。另外，在美国与波兰的 BIT 中，"海运及相关服务""政府债券的一级经销权"和"股权和其他有价证券的出售、供于出售和收购，以及其他的相关服务和活动"除了同时作为 NT 和 MFN 条款的例外之外，还作为协议第 2 条第 9 段中关于股权交易方面的例外。此外，协议还规定，对于列入负面清单的所有行业，美国保留在履行协议第 3 条第 2 段中关于商业行为方面责任时实施例外的权力。[1]

第四，针对缔约国经济发展水平不同，2000 年之后的负面清单所涉及的行业还是有所区别的。以美国与卢旺达 BIT 与美韩 FTA 为例，针对韩国设置的限制措施远远高于针对卢旺达的限制措施（见表 3-1）。卢旺达属于欠发达国家，国内产业结构单一，基本依靠农业来维持国民经济的发展。美国与卢旺达 BIT 是美国基于最新 BIT2012 年范本签订的，自 2012 年 1 月 1 日起实施。对于卢旺达负面清单，在负面清单中增加了"少数民族事务"和"社会服务"两项，在"自然资源的开采与土地的

---

[1] 陆建明、杨宇娇、梁思焱：《美国负面清单的内容、形式及其借鉴意义——基于 47 个美国 BIT 的研究》，《亚太经济》2015 年第 2 期。

利用"以及"能源"领域涉及不符措施的行业分别只有两项:"采矿"与"核能"。韩国经济发展水平远高于卢旺达,综合国力在亚洲也是首屈一指,国内产业结构更为合理,尤其在电子产品和汽车制造业方面优势明显,因此美韩 FTA 负面清单的内容在形式上更加的具体和详尽:在第一类负面清单中细化增加了美国卢旺达 BIT 负面清单没有的"商业服务""专业航空服务"和"专利代理服务";同时第一类负面清单中还包含只在几个特殊的州才实施的不符措施,做到了不同地区区别对待;在第三类金融服务类负面清单中,也区分了银行和保险业两类不符措施,而将金融业单独列入负面清单,笔者认为这是因为美国的金融服务业在国际上有较强的竞争力,对此单独规定能够实现更高标准的金融服务自由化。[①]

表 3-1　美国—韩国/卢旺达不符措施列表(美国)

	行业	细分行业	涉及原则	韩国	卢旺达
第一类负面清单:现有不符措施	能源	核能	NT	√	√
	商业服务		NT,LP	√	
	资源	采矿和管道运输	NT,MFN	√	√(无管道运输)
	交通运输	航空运输	NT,MFN,SMBD	√	√
	交通运输	专业航空服务	NT,MFN,SMBD	√	
	交通运输	运输报关服务	NT	√	√
	通信	无线电通信	NT	√	√
	专业服务	专利代理及申请前其他服务	NT,MFN,LP	√	
	所有产业		NT,MFN	√	√
	所有产业		NT,MFN	√	√
	所有产业		NT,PR,MFN,SMBD,LP	√	√

① 参见谢坤:《美国双边投资协定中负面清单的设置及我国的借鉴》,中国青年政治学院2016 年硕士学位论文。

第二类负面清单：未来不符措施	通信		MFN	√	√
	社会服务		NT,PR,MFN,SMBD,LP	√	√
	少数民族事务		NT,PR,SMBD,LP	√	√
	运输		NT,PR,MFN,SMBD		√
	交通运输	海上服务与操作	NT,PR,MFN,SMBD,LP	√	
	所有产业		MA	√	
	所有产业		MFN	√	√
第三类负面清单：金融服务负面清单	金融业	银行及其他金融服务	NT,MFN,SMBD	√	√
	金融业	银行及其他金融服务	MA	√	
	金融业	保险	NT	√	√
	金融业	保险	MA	√	
	金融业	保险	NT,PR,MFN,SMBD	√	√

注：NT 指国民待遇；PR 指业绩要求；MFN 指最惠国待遇；SMBD 指高管与董事会成员要求；LP 指当地存在；MA 指市场准入。

资料来源：参见高维和、孙元欣、王佳圆：《美国 FTA、BIT 中的外资准入负面清单：细则与启示》,《外国经济与管理》2015 年第 3 期。

三、优势产业的适度保护与劣势产业的谨慎开放相结合

作为 BIT 或 FTA 的附件,负面清单记载了签署国承诺的市场准入的国际义务。尽管美国是世界上第一经济大国,但是美国对负面清单的签订仍然保持着谨慎的态度。从美国签订的 BIT 或 FTA 中的负面清单可以看出,美国的负面清单所涉及的行业比较集中,可归纳为六大领域:自然资源及土地的使用;能源;海洋及航空运输;广播及通讯;

金融、保险及房地产；涉及所有行业的水平型限制。这六大领域体现了美国投资保护的基本意向和目的。其中前五个领域都与国家安全紧密相关，而第六个领域则为美国政府对本国产业和企业提供支持性政策预留了空间。[1]

从美国最新签订的 BIT 或 FTA 来看，美国在负面清单中列明的不符措施可操作性提高、行业覆盖面增加，尤其是强化了对金融服务领域的限制。以 2019 年 1 月美国与韩国签署的 FTA 为例，尽管相比于韩国而言，美国更为发达，国际市场的竞争力更强，但是在制定负面清单时，美国依然保持着谨慎的态度，避免全盘开放。金融业、商业、服务业、通信业都是美国的优势产业，但是，对于这些优势产业的开放，美国依然采取适度保护，控制风险，避免全盘放开的方式。例如，金融服务负面清单包括现有不符措施与未来不符措施两种形式，对银行、保险及其他金融服务行业分为中央和地方两个法律层级，提出 18 项不符措施，包括保险业 4 项（地方层面 1 项）、银行及其他金融服务行业 14 项（地方层面 1 项），尤其对于外资银行和政府债券等几个关键领域作出重点阐述。在负面清单中，对于相对劣势产业或不占优势产业，美国则予以谨慎开放、审慎保护。以交通运输行业为例，交通运输行业已成为韩国贸易顺差的一大来源。美国在第一类现有不符措施和第二类未来不符措施中详细设定了交通运输业对外开放的不符措施，包括：（1）美国限制外国为飞机营运目的进行的直接投资，飞机注册只限于四类符合特定条件的企业或个人；（2）如果韩国接受了专业航空服务的理念，并凭借本协议第 12 章提供的有效互惠措施，那么韩国国民就可被授权投资专业航空服务领域；（3）运输报关服务限定只有美国公民可以获取执照，并且从事该业务的公司中必须有一人持有报关员执照；（4）对于海上运输服务和美国籍船只运作，美国保留采取或维持任何措施的权利。通过这些不符措施，限制韩国投资者对美国交通运输行业的投资，

---

[1] 陆建明、杨宇娇、梁思焱：《美国负面清单的内容、形式及其借鉴意义——基于 47 个美国 BIT 的研究》，《亚太经济》2015 年第 2 期。

给予美国国内处于弱势竞争地位的交通运输行业生存和调整的空间。

四、国内"安全阀"机制

负面清单通常出现在国际投资协定的附件中,而非各国在国内颁布的法律,是各协议签署国承担的国际法义务。国家之间相互给予准入前国民待遇是实现更大程度经济一体化意愿的表现。发展中国家甚至最不发达国家同意给予发达国家的准入前国民待遇,并不意味着放弃对外资准入的监管,也不意味着放宽对外资的准入以及其他经营方面的要求。世界上没有一个国家同意给予无条件的准入前国民待遇。

协议缔约国一般以协议附件的形式,在负面清单中列举与协议义务相左的各项不符措施,对准入前国民待遇等协议义务进行保留。一般情况下,协议还会对准入前国民待遇的保留情形作出原则性的一般例外规定。在负面清单成为国际义务之前,当缔约双方在确定负面清单内容时,各国国内的法律法规将发挥参照作用。

为了细化协议条款,使一般例外规定在国内具有可操作性,各缔约国一般以国内立法的形式对一般例外规定加以规范,形成与国际协定的对接机制,从而建立负面清单管理的国内"安全阀"机制。"安全阀"机制的设立与完善是东道国制衡投资自由化、维护本国经济主权的重要法宝。各国在建立国内"安全阀"机制时,主要基于对国家主权和经济安全、国家的经济发展水平及企业的国际竞争力等因素进行综合考虑。

(一)美国经验

从国内立法而言,在外资准入方面,美国以国民待遇为原则,以国家安全审查为底线,构建了外资准入的法律框架。此外,美国还通过反垄断立法来增加大型跨国并购交易的难度。

美国没有制定专门的外商投资企业法律规范,美国联邦政府对外资一贯采取倾向鼓励的中立(Neutral)政策,外国投资和本国投资享受同等的待遇,美国政府在外资的准入方面没有太多的限制,外资在美国享受国民待遇,也不会受到比美国国内企业更为优惠的待遇。此外,美国也未建立统一的审批制度,政府部门对外国投资一般不进行审查鉴别,外国资本可以像美国国内资本一样自由进入投资领域,除了对一些敏感行业的投资之外,美国对于外国公司或个人在美国国内投资一般没有任何审批的要求。美国对外国直接投资也没有制定专门的审批程序,外国直接投资的设立事宜参照适用所有公司的法律法规进行。美国在外商投资方面的法律规范主要包括《1974 年外国投资调查法》《1976 年国际投资调查法》《1976 年农业外国投资公开法》《1988 年综合贸易与竞争法》《埃克森-佛罗里奥修正案》以及特殊产业法规中对外商投资的规定。

1. 严格限制外资所有权比例:对敏感行业的外资直接投资的限制

美国政府没有出台一份统一的负面清单用以规范所有外国投资市场准入限制的行业,美国对外国投资的规范均体现在它对国内企业设立的法律法规中。如《联邦通讯法》就规定了有关外国资本进入美国的限制,《联邦航空运输法》则规定了外国资本进入美国的限制等等。被限制的行业以及限制的方式散见于美国联邦法律和个别州的法律。虽然美国规定了外资准入阶段的国民待遇,但是,美国并未做到完全意义上的外资进入自由。美国对敏感行业的外国投资存在着严格的限制和监管,严格限制外资所有权比例。敏感行业涉及通讯、交通运输业、银行业、海运业、捕鱼业、核电业、广播通信业和国内航空运输业等诸多产业,个别州的法律限制外国实体对农业用地的投资。这些限制主要包括对外资所有权的限制和信息披露的要求。对外资的限制包括:在金融领域,有关境外机构取得美国境内银行股权,要受到《银行持股公司法》《银行兼并法》《银行控股权变更法》《州际银行法》《国际银行法》《金融机构现代化法》和《外国银行监管促进法》等多部法律约束;在通讯方面,《联邦通讯法》限制外国对电话、电报、无线电与电视转播广播的所有权和控制权,此类行业中的外国投资不得超过 25%;制止向外国公司、外国人在其中任董事的或由外国政府、公司、私人控制的本国公司发放广播许可证;《联邦航空运输法》规定外国实体不得直接拥有10%以上美国"航空运输机构"的股权,外国实体可以间接投资美国航空运输机构,在美国人控制75%以上表决权的情况下,最大可拥有25%的表决权,外国人在这些机构董事会中的席位不得超过1/3;在美国港口中从事货物运输的船舶,必须由美国公民控制或所有的公司来制造;在从事国内商业运输的机构中,外国利益所占的比重不得超过25%;在原子能方面,为了防止对国防、公共安全可能产生的危害,规定不允许外国人及外国人所有或控制的公司利用和生产原子能设施;在能源和自然资源等领域,美国也存在对外资的严格限制,构成对外资准入阶段国民待遇的例外。此外,美国还先后制订了《国际投资调查法》(1976年)、《农业外资披露法》(1978年)、《外国人不动产投资税收法》(1980年),分别对外国人拥有企业股份的比例、农村土地、矿藏买卖、不动产的所得等进行调查。还有一些州政府对外资进入酒精饮料业、银行保险业、不动产业等进行限制。

2. 国家安全审查制度:对以并购方式投资的外资限制

美国对于通过并购的方式向美进行投资的活动有一定的限制,其中国家安全审查制度是重要一项。如美国常以国家安全为由阻碍中国投资,限制华为进入美国市场就是一个明显的例子。"国家安全"内涵不断扩张,包括关键基础设施、重要能源资产、重要技术、对关键资源和物质的长期需求、"政府控制的企业并购"、在武器扩散和其他方面的纪录,以及美国反恐政策等等。

美国的国家安全审查制度始于《1950年国防产品法》。20世纪80年代后期,美国开始关注日本对美国企业的收购潮,特别是1986年日本富士通公司(Fujitsu Ltd.)计划收购拥有敏感技术的美国仙童半导体公司(Fairchild Semiconductor Co.)之后,美国加大了对国家安全的重视。1988年,在《1950年国防产品法》的基础上制定了《防御法案》(Exon-Florio修正案,即《埃克森-佛罗里奥修正案》,以下简称《埃克森修正案》),该法案成为美国规制外资并购、保护国家安全的基本法。

《埃克森修正案》规定,只要有足够的证据证明在美国发生的并购、接管行为对国家安全产生威胁,总统就有权提出任何适当的措施,中止或禁止该交易,总统授权"美国外国投资委员会"(the Committee on Foreign Investment in the United States,以下简称 CFIUS)负责对外国政府控制的实体收购美国公司的活动进行审查。

CFIUS 是设在美国财政部下面的一个特殊职能机构,其成员由一些主要政府部门的官员组成,包括财政部长(担任该委员会主席)、总检察长、国土安全部部长、商务部长、国防部长、国务卿(就是外交部长)、能源部长、美国贸易代表、经济顾问委员会、科技政策办公室主任等等。CFIUS 启动国家安全审查的职权很大,可以依外国收购人的收购意向发出通知或者依职权对收购项目进行调查。虽然 CFIUS 对关注的行业没有以清单形式具体列举,但是,如果外国投资人是国有企业或目标公司属于国防相关行业或是高科技行业,CFIUS 依职权启动审查的可能性非常大。启动审查之后,如果 CFIUS 认为项目对"国家安全"有影响,该项目或者停止,或者 CFIUS 要求外国投资者与之签订一个旨在减小对美国影响的协议,即由外国投资者做出一系列自我限制的承诺。

21 世纪以来,外国投资者通过并购的方式进入美国国内市场的规模越来越大,例如,2005 年,中国的中海油收购美国第九大石油公司 Unoeal Corporation,2006 年初,阿联酋迪拜港口世界公司(Dubai Poas-Wodd)收购半岛-东方航运公司等。为了进一步加大 CFIUS 的审查范围与权限,2007 年美国通过了《外国投资和国家安全法》(Foreign Investment and National Security Act of 2007,以下简称 FINSA)。在修订《埃克森修正案》的基础上,FINSA 进一步强化了对外国公司投资美国资产的审查与限制。FINSA 关注更为广泛的美国国家安全,扩大了审查范围。只要交易涉及与美国国家安全有关的核心基础设施、核心技术及能源等资产,就会面临严格审查,甚至投资母国是否在反恐问题上与美国积极合作、外资公司是否在地区范围内对美国形成军事威胁等也被纳入审查内容。为了细化和强化 CFIUS 的职权,2008 年美国颁布了《关于外国投资委员会对外资在美投资进行审核的最终条例与指导意见》（以下简称《指导意见》）。根据该《指导意见》，CFIUS 对受审项目进行"威胁性"和"薄弱性"分析，形成一个最终的整体性国家安全风险评估。如果 CFIUS 认为被审核的项目不会对国家安全产生影响，那么该项目即可进入"安全港"；如果项目没有得到 CFIUS 的审查或认可，就没有进入安全港的资格。同时，CFIUS 有自主审查的权利，如果认为该项目可能影响到国家安全，那么即使投资已经完成也有权力进行调查。由于 CFIUS 审查的不透明性，以"威胁美国国家安全"为由否决收购往往在审查标准上并不明确，一些外国投资者为避免长期的安全审查而带来的经济损失往往主动放弃收购。例如，2009 年 12 月，为了避免被 CFIUS 认定并购危害美国国家安全而否决的尴尬，中国西色国际投资公司主动撤销收购美国优金采矿公司的要约。

2018 年 8 月，美国总统特朗普正式签署了《美国外国投资风险评估现代化法案》（Foreign Investment Risk Review Modernization Act of 2018，以下简称 FIRRMA）。从现有的 FIRRMA 内容上看，该法案对 CFIUS 外资投资安全审查制度进行了较大范围的修改。FIRRMA 扩大并细化了 CFIUS 的权力，旨在促进 CFIUS 的审查制度的现代化，使 CFIUS 更有效率地防御外国投资产生的国家安全风险。CFIUS 可以纳入考虑的风险因素也更加丰富——不仅关乎美国国家安全，同时要保护美国在新兴产业的竞争优势，尤其是将关注的重点放在对美国核心技术、重要基础设施和网络安全的威胁上。CFIUS 将有能力审查更多类型的投资，例如少数股权投资和海外合资企业，同时简化了申报程序。

FIRRMA 新增的 CFIUS 审查权限包括：（1）由位于政府敏感设施附近的房地产的外国人购买、租赁或特许，该房地产靠近美国的军事设施或者靠近美国政府的其他与国家安全相关的设备或财产；（2）任何外国人在美国核心技术公司和核心基础设施公司的投资；（3）因外国人的投资而发生权属上的改变，可能改变美国商业受到外国控制；（4）美国核心技术公司通过任何形式的安排，如合资企业等向外国人提供支持；(5)任何的其他企图避开本法案规定的交易、资产转移或是结构上的安排；(6)任何的通过破产程序或债务违约行为所造成的前述交易行为。由此可以判断，FIRRMA 的审查范围扩大到旨在规避 CFIUS 管辖权的任何交易、转让、协议或安排。

此外，为了进一步扩大美国安全审查的范围和保障安全审查的确定性并细化 CFIUS 的权利，FIRRMA 还对核心技术①和基础设施②等关键领域的概念也进行了界定。③

3. 反垄断立法：对大型跨国并购的限制

美国的反垄断立法主要包括《谢尔曼法》《联邦贸易委员会法》和《克莱顿法》以及这三部法律的修正案。另外，美国作为联邦制国家，各州享有相对独立的立法权，许多州参照联邦竞争立法，也颁布州的反垄断和反不正当竞争法。

美国对外资并购反垄断审查的主要法律依据是 1976 年《哈特-斯科特-罗迪诺反垄断改进法》(以下简称"HSR"法)。HSR 法要求，如果资产、股票的并购达到特定门槛的要求④，在交易交割前必须向美国联邦贸易委员会(FTC)和美国司法部反垄断局进行申报。交易双方只能在"等待期"期满之后才能对交易进行交割。"HSR"法还规定，就任何

---

① 核心技术(Critical Technologies)是指技术、成分或技术项目对国家安全而言极其重要。具体来说核心技术包括：(1)陈列于国际武器贸易条例中的美国军需名单所列明的防卫品或防卫服务；(2)出口管理条例补充条例所列的商业管制清单中的项目；(3)美国联邦法规中规定的特别设计和准备的"核"相关的设施、材料、软件与技术；(4)美国联邦法规中规定的有毒物质；(5)其他出现的与美国保持和提高技术优势密切相关的技术或是与国家安全相关的技术。美国的核心技术公司是指美国生产、贸易、设计、制造、服务或发展核心技术的经济实体，也包括涉及 CFIUS 所规定的核心技术的经济实体。
② 核心基础设施(Critical Infrastructure)是指属于 CFIUS 规定的、对美国国家安全极为重要的无形的或者有形的体系和资产。美国的核心基础设施公司是指生产、提供 CFIUS 所规定的核心基础设施的经济实体。
③ 董静然：《美国外资并购安全审查制度的新发展及其启示》，《国际经贸探索》2019 年第 3 期。
④ 收购人将持有被收购人的表决性股权或资产超过 2.836 亿美元；或者一方至少拥有 1420 万美元的资产或净收入，并且另一方至少拥有 1.418 亿美元的资产或净收入(当前"个人规模"限额)，以及表决性股权的"价值"，有限责任公司或合伙权益，或者涉及的资产超过 7090 万美元(当前"交易规模"限额)。这些限额将与通货膨胀相关联，并且每年发生变化。

被 FTC 和司法部认为有可能产生不公平竞争影响的交易,监管部门均有权在交易完成前提出异议并开展调查,调查期间交易各方必须提供相关信息和证据。

(二) 日本经验

1. 外汇审查制度

日本外资管理的法律体系包括基本框架性法律、行业法规和国际条约三方面。[①] 基本框架性法律主要指《外汇及外国贸易法》(以下简称《外汇法》)《商法》和《公司法》等。其中,《外汇法》规定了对外商投资的主要内容,在外资管理法律体系中居于核心地位。

日本《外汇法》赋予财务省及其他行业主管部门,根据法律规定对外商投资进行审查的权力。作为主管财政、金融、税收的最高行政机关,财务省也是日本外商投资的审批和主管机关。根据《外汇法》的授权,财务省的负责人有权要求外国投资者变更或中止相关外资交易的内容,并在特殊的情况下,有权发布命令紧急停止可能影响国家安全的交易。与美国类似,日本也有主管外资的专门机构——关税外汇类问题审议委员会,只不过该委员会隶属于财务省,向财务省长官负责。除财务省外,还有其他各相关行业的主管部门,如经济产业省、邮电省、运输省和法务省等,分别在各自的行业领域,通过制定行业性管理规定的方式对外资进行审查,并决定外资企业在本行业的去留。

2. 事先申报制度

1967 年 7 月至 1973 年 5 月,日本在对外资的逐步开放过程中,强调对本国产业“先保护育成、后开放竞争”的方针。日本对准备开放的部门进行慎重的选择,从多方面规定了选择的标准,其中最重要的标准是该部门是否具备能够同外资企业抗衡的综合竞争力。

在现行的外资制度下,日本实行外资准入的自由化政策,没有明确规定禁止类、限制类或鼓励类的行业分类,对外资准入只有事前申报和

---

① 朱丽娜:《解密日本外资管理》,《国际市场》2014 年第 3 期。

事后报告的区分。日本的事前申报制度可以有效预防外资对本国经济安全带来的威胁。如果外国投资者所投资对象的经营范围属于涉及国家安全、妨碍公共秩序、公众安全的行业或者对日本经济运行产生不良影响的行业时，须实行事前申报制度。事前申报的项目由外资主管部门进行审批，投资者对于审批决定有异议的，可以申请行政复议，对复议结果仍不服的，可以进行诉讼。

五、事中事后监管机制

负面清单模式虽然意味着给予外资更多的自由，但由于外资准入与本国的主权、安全和经济等利益息息相关，因此，包括发达国家在内的东道国都会构建起完善的事中事后监管体制，通过对外资的过程监管，实现外资利用与风险防范的平衡。

负面清单模式下外资企业的事中事后监管涉及政府机构、社会、中介机构、行业协会及企业等多个主体，那么，能否实现各个主体间有效的沟通协作，成为决定监管成效高低的关键因素之一。在众多事中事后监管主体中，政府机构起主导作用，所以各政府部门之间能否有效沟通协作就显得尤其重要。

（一）美国经验

1. 设立专门的外资监管机构

CFIUS 是美国政府设立的专门管理外国投资的机构，该机构成立于 1988 年。作为美国特别设立的外国投资审批制度的具体执行者，是一个横跨财政部、国务院、国防部和商务部等 13 个政府部门的机构，其委员皆为各联邦部门负责人。美国外国投资委员会一般会从国家安全，尤其是国防安全的角度来考量进入美国投资的企业，并作出是否允许投资的决定。除了上述专门的外资监管机构，美国还具有很多具有外资监管职能的部门，如美联储、美国证券交易委员会、联邦贸易委员会和美国司法部等，它们在各自的领域对外资的事中事后监管发挥着专业性作用。

2. 完善的信息收集和披露制度

目前美国专门针对外国在美投资信息收集和披露的联邦法律主要有4部。[①]《国际投资与服务贸易调查法》(International Investment and Trade in Services Survey Act)和《外国直接投资和国际财务数据提升法》(Foreign Direct Investment and International Financial Data Improvements Act)主要是针对外资企业信息收集方面的规定。根据这两部法规,美国的相关行政部门可以获得外资在美直接投资、证券投资以及在行业投资等方面的信息。《提升本土和外国投资信息披露法》(Domestic and Foreign Investment Improved Disclosure Act)和《外国投资农业信息披露法》(Agricultural Foreign Investment Disclosure Act)主要是针对外资企业信息披露方面的法规,规定了外资在证券投资和农业投资方面的信息披露要求。除此以外,美国国内现行的经济管理法律体系普遍适用于本土企业和外资企业,因此,该法律体系内关于本土企业的信息收集和信息披露的具体规定也同样适用于外资企业。

(二) 日本经验

长期以来,日本在积极引进外资的同时,还十分注重外资的事中事后监管,通过多年的实践,日本已经形成了完善的外资事中事后监管体制。

1. 加强外资管理的相关立法

日本建立了完善的行业法规,包括金融、证券、运输等各个行业的具体规定,这些规定同样适用于外国投资者。通过修改完善逐步将外国投资纳入到所有行业性法律法规和规章的适用范围。此外,日本在税收、劳动者保护和环境保护等方面也有自己的管理制度,并同样适用于外国投资者。在加快外资管理各个环节立法的同时,进一步通过国

---

① 郑启航、高攀:《美国外资监管调研》,《国家观察》2014年第6期。

民待遇原则,扩大相关法律的适用范围,扩大适用于外国投资者。通过一系列相互配合的制度建设,日本形成了基本完备的外资事中事后监管体制。

2. 事后报告制度

除涉及国家安全,妨碍公共秩序、公众安全的行业,以及属于日本要保持自由化特征的行业,实行事前申报、审批制度外,对其他行业的外资准入均实行事后报告制度。根据《外汇法》的规定,日本对外商投资原则上采取事后报告制度,即外商投资行为发生后,外商投资者需在事后提交相关材料到外资主管部门。事后报告须在特定日期、按照规定的格式,通过日本银行向财务大臣及行业主管大臣提交。[①]

六、发展中国家的经验

我们介绍了美国、日本等发达国家负面清单的经验,基本可以归纳为:负面清单是各国在签署的 BIT 或 FTA 等国际协议中所承担的国际义务,这些发达国家实行市场经济制度,对外资准入没有特殊法律规定,没有出台一份统一的负面清单用以规范所有外国投资市场准入限制的行业,被限制的行业以及限制的方式则是以产业立法的形式散见于各相关法律之中。负面清单国际义务与其国内产业立法在内容上相互一致,并以外资安全审查制度和反垄断审查制度实现对外资市场准入的限制与监督。

一些发展中国家为了吸引外资,一般从保护、鼓励和管制外资等三个方面进行外资专门立法。保护措施包括从征收及其补偿、投资本金和利润的汇出、投资者待遇等;优惠措施包括税收减免、投资于特定行业及地区的优惠等;管制措施包括审批制度、对外资投向的限制、雇佣本国工作人员的限制等等。与发达国家相比,发展中国家外资立法的特点是:1.大多数发展中国家对外资都有审批规定,以借此引导外资

---

① 郑启航、高攀:《美国外资监管调研》,《国家观察》2014 年第 6 期。

投入其本国亟待发展的重点行业,并限制外资可能造成的消极影响。

2. 与发达国家相比,发展中国家对外国投资鼓励较多,但限制也较多。负面清单也因此构成一些发展中国家国内相关外资立法的组成部分,以全面系统地规范外资准入的限制或禁止措施。

下面,我们以印度尼西亚和菲律宾为例,简单介绍一下发展中国家负面清单的制度经验。

(一) 印度尼西亚经验

印度尼西亚投资管理制度建设大致可分为三个阶段:第一个阶段是"正面清单"模式,即对外商投资采取准入"正面清单"方式公布鼓励行业的名单;第二个阶段是 1995 年开始以总统令的形式颁布"负面清单"——《投资封闭行业清单》,单独对外商投资列出禁投行业;第三个阶段是《投资法》对内外资一视同仁,同时相应修订了内外资通用的"负面清单"。

印度尼西亚《投资法》的颁布将原有的《国内投资法》和《外国投资法》二法合一,明确规定了外资和内资在投资上享有同等的法律地位,并首次对"负面清单"的修订标准和条件进行了明文规定。2007 年的"负面清单"——《关于封闭行业和有条件开放行业清单的标准与条件》提高了立法位阶,是以总统条例的形式颁布的。该"负面清单"将限制性规定分为两类:绝对禁止的封闭行业和有条件开放的行业,所有规定对国内外投资者一视同仁。《关于封闭行业和有条件开放行业清单的标准与条件》还对"负面清单"的制定目的、制定原则、两类行业的限制标准、限制方式等作出了具体的规定,完善了《投资法》笼统性的规范,不仅有利于投资者解读"负面清单",而且对规则制定者修订清单作出了具有法律约束力的指导和规制,为日后审查确立了标准。

印度尼西亚政府设立了专门负责修订、审查和监督负面清单的部门——投资协调委员会。该委员会直接对总统负责。"负面清单"管理模式使得作为独立机构的投资协调委员会,一方面可以协调和综合各行业主管部门有关行业限制的意见,定期评估、制定和修订"负面清单";另一方面可以综合各行业主管部门的审批权,统一对外向投资者进行"一站式"服务。

印度尼西亚"负面清单"机制呈现出如下特点:第一,立法先行,不论是最初引入"负面清单"还是到后来颁布的修订标准,"负面清单"的每一次改革都是先行立法、有法可依、依法执行;第二,不断加强"负面清单"制定和监管主体的独立地位和自主权,并完成配套的行政体制改革;第三,立法技术不断提升,负面清单的每一次修订都更加简明、确定和透明;第四,政府不断深化开放、全面开放的态度,通过"负面清单"方式进一步激励投资者,促进市场发挥其决定性作用。[①]

(二) 菲律宾经验

菲律宾的外资"负面清单"制度源于《1991年外国投资法》,该法是菲律宾规范外国投资的基本法律。根据该法第8条、第15条的规定,外国投资"负面清单"包括过渡性"负面清单"和常规性"负面清单"两种类型,其中过渡性"负面清单"在先,常规性"负面清单"在后,且两者在内容上有所不同。

1991年10月,菲律宾国家经济发展署(NEDA)发布了《过渡性负面清单》。在《1991年外国投资法》规定的过渡期结束后,1994年10月,菲律宾总统以行政命令的形式发布了《第1版常规外国投资负面清单》以替代原有的过渡性"负面清单"。之后,常规性"负面清单"每隔两年发布一次,已发布的11版常规性"负面清单"均由序言、具体条款和附件三个部分组成。序言对发布该清单的目的、依据等作了规定,具体条款则对"负面清单"的功能、修改、与行政命令和法规的关系、生效时间等作了规定。常规外国投资负面清单包括清单A与清单B,其中清单A列举的是由宪法和特定法律规定的限制外国投资的领域;清单B包括与国防、安全、公共健康、道德风险及中小型国内市场企业保护等相关领域的禁止或限制措施。从第11版常规性"负面清单"来看,"负

[①] 顾晨:《印度尼西亚"负面清单"改革之经验》,《法学》2014年第9期。

面清单"中的内容在初始阶段是逐步增加,后来基本不变。以 2012 年第 9 版"负面清单"为例,清单 A 按照外国投资是否可以投资及可投资比例,分为不允许外国投资,以及允许达 20％、25％、30％、40％、49％及 60％的外国投资等 7 大类共 29 项,部分项下又具体分为多个小项,清单 B 仅为"允许达 40％的外国投资"这一种类型,共有 7 项,部分项下也包括一些小项。最新第 11 版"负面清单"适度放宽,没有达到国家经济发展署所追求的积极变化,例如,在这份清单中,外国人参与当地资金支持的公共工程以及私人无线电通信网络的建设和维修的比例增加到 40％,此前分别为 25％和 20％。

值得关注的是,《1987 年综合投资法》是菲律宾有关投资的基本法,该法阐述了菲律宾对待投资的基本政策,既适用于来自国内的投资,也适用于来自外国的投资。与《1991 年外国投资法》规定"负面清单"以列明禁止和限制投资领域所不同的是,该法对包括外资在内的投资设定了范围广泛的优惠措施。①

菲律宾"负面清单"机制的特点:第一,立法先行,从过渡性"负面清单"到常规性"负面清单",逐渐实现"负面清单"的制度化与常规化;第二,谨慎地对待外资准入制度,根据国情,"负面清单"的措施基本保持不变;第三,限制措施与优惠措施并重。《1991 年外国投资法》是菲律宾规范外国投资的基本法律,该法规范的是"负面清单",《1987 年综合投资法》是菲律宾有关投资的基本法,则设定了范围广泛的优惠措施。

---

① 申海平:《菲律宾外国投资"负面清单"发展之启示》,《法学》2014 年第 9 期。

第四章　我国外资准入国民待遇与负面清单管理的制度与实践

一、国际实践与存在问题

(一)国民待遇方面：拒绝接受准入前国民待遇条款

自改革开放以来,我国对缔结投资保护协定一直持积极态度。自1982年与瑞典签订第一个 BIT 以来,我国和他国签署的双边投资协议已达 100 多个。20 世纪 80 年代中期之前,我国对外资国民待遇标准的态度是相当慎重的,投资协定只有对外资的"公平合理待遇"或"最惠国待遇"标准的规定,而没有国民待遇标准的规定。20 世纪 80 年代中期之后,以 1986 年 5 月中英签署的《关于促进和相互保护投资协定》为标志,我国在双边投资协定中逐渐采用外资国民待遇的标准,但仅限于外资准入后阶段。

我国政府一直以来坚持将国民待遇仅适用于投资运营阶段(Post-establishment),即便是在水平较高的 2012 年中国和加拿大双边投资协定中,国民待遇最终仍然未能被引入投资准入阶段,而仅是对其适用最惠国待遇。现有的自由贸易协定中的投资规定在很大程度上只是对当前的双边投资协定的"复制粘贴",对于我国双边投资协定的发展并没有做出任何创新性的贡献。[①] 笔者认为,由于我国在这些国际条约

[①]　朱文龙:《我国在国际投资协定中对国民待遇的选择》,《河北法学》2014 年第 3 期。

或国际协定中不承担准入前国民待遇加负面清单的国际义务,因此,这些国家的外商在中国投资必须遵守中国制定的国内负面清单(三种负面清单详见下文),且这些外商之间没有差别待遇。根据主权原则,我国对国内负面清单可以更新修改,可以增加或减少负面清单中不符措施的数量。

值得关注的是,有关准入前国民待遇标准将有可能在中美 BIT 谈判中达成。自 2006 年开始,中美两国就签署 BIT 的可能性进行谈判,迄今为止,两国已举行了多轮谈判。在 2013 年 7 月举行的第 5 轮中美战略与经济对话中,中方同意以准入前国民待遇和负面清单为基础与美方进行投资协定实质性谈判。在第 11 轮谈判中,市场准入、劳工规则、知识产权、国有企业、国际仲裁等问题成为谈判的重点,美国针对的不只是具体行业和具体问题,还涉及中美双方今后所要遵循的国际投资规则。由于中美两国分别是当今世界上最大的发展中国家和发达国家,并且中国是当今全球对外直接投资增长最快的国家,而美国是当今吸收外国直接投资最多的国家,两国之间如果能达成双边投资协定,对中国与其他国家和地区签署双边投资协定无疑会起到示范效应。中国对外资的管理将进入以负面清单管理为模式的国民待遇标准阶段。笔者认为,在今后的国际条约或国际协定中,如果我国承担了准入前国民待遇加负面清单的国际义务,条约或协定签订国的投资者在我国的市场准入即遵循协定的规定,而不遵循国内的负面清单,且不同条约或协定的缔约国的投资者之间存在差别待遇。一旦我国在条约或协定中承担了准入前国民待遇加负面清单的国际义务,在签订国之间未达成同意的前提下,已经签订的负面清单将不能随意修改。

(二) 负面清单管理方面: 经验不足导致败诉

对于负面清单这种管理模式,我国在国际协定中有所涉及。例如,2005 年中国与葡萄牙 BIT 就规定了关税同盟、经济联盟、货币联盟、税收协定及边境地区小额投资协定的例外。此外,其附录还明确规定,国民待遇义务不适用于任何现存的不符措施及此等不符措施的延续和修正,并承诺日后将逐渐消除这些不符措施。显然,这是一项硬性义务。中国不仅无权实施新的措施,而且还承担消除现行不符措施的义务。这种只进不退的做法,最终的结果将是中国承担全面的准入后的国民待遇义务。

作为 WTO 成员方,我国在入世议定书中部分地采取了负面清单的表述方式。例如,中国承诺除了在议定书附件 6 列明的 84 种产品以外,其他产品出口不征收出口关税。这类似于一个负面清单:原则上承诺所有出口产品不设出口壁垒,但列明的产品除外。此外,在附件 9《服务贸易具体承诺减让表》中,我国也部分地使用了负面清单的表述方式,较有代表性的例子是:针对"D. 房地产服务 a. 涉及自有或租赁资产的房地产服务(CPC 821)"这一服务部门的"商业存在"服务提供方式,我国在"市场准入限制"一栏中规定,"除下列内容外,没有限制:对于高标准房地产项目,如公寓和写字楼,不允许设立外商独资企业,但不包括豪华饭店。"

由于我国在负面清单甚至在正面清单管理上缺乏经验,被 WTO成员方诉诸 WTO 争端解决机构并被裁定败诉的案件已有发生。例如,2009 年 6 月,美国、欧盟正式在 WTO 框架内向中国提出贸易争端请求,称中国对铝土、焦炭等 9 种原材料,采取出口配额、出口关税和其他价、量控制,违反了中国的入世承诺,造成世界其他国家在钢材、铝材及其他化学制品的生产和出口中处于劣势地位,随后,墨西哥加入对中国的争端请求。2009 年 12 月,原材料出口案的专家组成立。2011 年4 月,专家组作出裁决,认为中国不应在入世议定书附件 6 所列的产品清单之外征收出口税。2012 年 1 月,上诉机构驳回了中国基于环境保护或供应短缺的上诉请求,维持了专家组的裁决。

再如,在 2007 年美国诉中国部分出版物和视听制品贸易权以及分销服务案中,WTO 争端解决机构也裁定中国败诉,其理由是中国在《服务贸易具体承诺减让表》中,并没有对除电影外的音像制品的分销排除无形载体的分销方式。[①] 也就是说,"市场准入限制"一栏中没有被限制的内容,即认为中国要对之承担市场准入的义务。[②]

相比出口零关税承诺而言,投资开放承诺的涉及面更为广泛。在美国 BIT 范本非常宽泛的投资定义下,随时可能出现新产业以及新的投资和金融创新,如果事先没有列入负面清单,一旦承诺,今后很有可能出现监管漏洞。从国内外资管理体制发展的趋势看,我国传统的准入限制加优惠措施的管理体制,正在转型为以竞争政策与技术标准为主的管理体制。

二、我国实施外资准入国民待遇的国内实践

1979 年《中华人民共和国中外合资经营企业法》的颁布,拉开了我国外资立法的帷幕。此后,随着改革开放的不断深入,我国外资立法逐步完善,最终建立起一个以《中外合资经营企业法》《中外合作经营企业法》《外资企业法》三个外资企业法为主干,税收、工商、外汇管理等相关法律法规为配套的外商投资法律体系。中共中央在十四届五中全会以及十六大报告中都明确提到改善投资环境,对外商投资实行国民待遇。中国事实上已经在诸多领域给予了外国投资者及其投资在中国进行经营活动时的国民待遇,但主要还是对外资经营阶段的国民待遇的规范。

入世前,为了吸引外资,我国外资立法为中外合资经营企业,中外合作经营企业,外商独资企业(以下简称三资企业)制定了大量的优惠措施,三资企业享受超国民待遇。同时,为了保护民族经济和国内市场,使之不至于受到外商投资的强烈冲击,我国外资立法又对三资企业规定了一些次国民待遇的限制措施,如原材料采购市场的限制、产品返

---

① 具体表述是:自加入时起,在不损害中国审查音像制品内容的权利的情况下,允许外国服务提供者与中国合资伙伴设立合作企业,从事除电影外的音像制品的分销。
② 参见王海峰:《GATS框架下的互联网服务管理权限问题研究——兼论我国的应对之策》,《法商研究》2013 年第 5 期。

销的限制等。作为发展中国家,实行一定程度的次国民待遇符合我国总体经济水平较低的实际国情,可以使我国在利用外资方面避免承担过重的负担。因此,超国民待遇与次国民待遇并存的现象在我国入世之前的外资立法中表现得较为明显。

入世后,中国外资立法正在经历以外资经营阶段为管理中心模式向以外资准入阶段为管理中心模式的转型。一方面,放宽对外资准入领域的禁止与限制,我国逐渐放宽了对外资准入领域的禁止或限制。《外商投资产业指导目录》逐步开放外资准入领域、放宽外资的股权限制。另一方面,立法体制开始向"单轨制"转化,体现了公平竞争和国民待遇标准的理念。《中华人民共和国企业所得税法》的出台就是一个有力的证明。[①]

虽然我国外资立法已经逐步与 WTO 制度相接轨,但由于法律法规的修改完善是一个漫长复杂的过程,这一过程中,我国外资立法还是受到了 WTO 其他成员方的挑战。如 2007 年 2 月,美国和墨西哥先后就中国非法出口补贴向 WTO 提出磋商请求,欧盟、日本和澳大利亚作为第三方加入。美国的磋商请求主要针对全国人大、国务院、中央部委局颁布的 16 个文件。美国认为,根据这 16 个文件,中国政府对满足一定出口实绩标准或者购买国内制造的货物而非进口货物的企业提供税收的返还或减免,违反了《补贴与反补贴措施协议》(SCM 协议)第 3 条,属于 SCM 协议规定的禁止性措施。此外,就授予进口产品的待遇比国内类似产品的待遇低,违反了国民待遇义务,这与 GATT1994 第 3.4 条、《与贸易有关的投资措施协议》(TRIMs)第 2 条不相符。在这起磋商案件中,中国明显处于不利地位,因而及时作出了妥协,从而使案件没有被提交到专家组进行裁决,这不失为明智之举。2007 年 11 月 20 日,中美双方达成谅解备忘录,案件最后以中国宣布终止相关法规的效力而得以和解。2008 年 12 月 25 日,国家税务总局作出了废止

---

① 王海峰:《论改革开放以来我国外资战略及其立法理念的发展》,《毛泽东邓小平理论研究》2008 年第 6 期。

《关于停止外商投资企业购买国产设备退税政策的通知》的决定。与之相关的文件及条款同时被废止,主要包括:《国家税务总局关于印发〈外商投资企业采购国产设备退税管理试行办法〉的通知》《财政部国家税务总局关于出口货物退(免)税若干具体问题的通知》第 1 条、《财政部国家税务总局关于调整外商投资项目购买国产设备退税政策范围的通知》《国家税务总局国家发展和改革委员会关于印发〈外商投资项目采购国产设备退税管理试行办法〉的通知》《国家税务总局关于外商投资企业以包工包料方式委托承建企业购买国产设备退税问题的通知》等。[①]

三、负面清单管理的国内实践:从外资到内资、从试点到全国

负面清单在国内的实践源于 2013 年中国(上海)自由贸易试验区(以下简称上海自贸区)的建立。自 2013 年 9 月 18 日国务院公开批准《中国(上海)自由贸易试验区总体方案》以来,上海市积极推动中国(上海)自由贸易试验区的建设,上海自贸区将加快政府职能转变,探索负面清单管理,对投资等管理体制新议题进行先期试验,标志着中国政府对负面清单管理模式的探索正式启动。

自贸区负面清单之后,我国又相继实施了市场准入负面清单与外商投资准入负面清单。目前,我国有三种类型的负面清单:自贸区负面清单、市场准入负面清单和外商投资准入负面清单。三份清单各有定位、功能不同:外商投资准入负面清单仅针对境外投资者,属于外商投资管理范畴。市场准入负面清单是适用于境内外投资者的一致性管理措施,是对各类市场主体市场准入管理的统一要求,属于国民待遇的一部分。外商投资准入负面清单之外的领域,按照内外资一致原则实施管理。也就是说,外资准入既要遵循外商投资准入负面清单的要求,

---

① 王海峰:《WTO 视角下的我国出口退税制度的完善与发展》,《政治与法律》2011 年第 9 期。

也要遵循市场准入负面清单的规定。自贸区负面清单仍然承担制度"试验田"的重任,只对自贸区内的外资市场准入进行规制。

(一) 市场准入负面清单

如前所述,负面清单是各国在国际条约或国际协定中对本国市场准入的一种承诺。市场准入负面清单是一种对境内投资的管理模式,即不论是内资还是外资,凡是在我国境内投资的各市场主体均需遵照这一制度的要求。在自贸区外资准入负面清单的实践基础上,我国则将负面清单概念进行了引申和扩充,由国家在国际条约或协定中所承担的市场准入义务,延伸到了国内经济治理,不仅对外资实行负面清单管理模式,而且对内资也实行负面清单管理模式,这是一次重大的制度创新。

全国统一市场准入负面清单的颁布与实施,标志着负面清单管理模式从外资到内资,从试点到全国的对内监管方式改革的开启。全国版负面清单概念的出现,始自 2014 年 7 月 8 日,在第六轮中美战略与经济对话之前,国务院发布《关于促进市场公平竞争维护市场正常秩序的若干意见》,明确提出要制定市场准入负面清单。2015 年 10 月,国务院下发了《关于实行市场准入负面清单制度的意见》,该《意见》对市场准入负面清单的定位、类别、适用对象、制定程序、实施步骤等重大事项都作了明确的规定。根据《关于实行市场准入负面清单制度的意见》,市场准入负面清单适用于各类市场主体基于自愿的初始投资、扩大投资、并购投资等投资经营行为及其他市场进入行为。

根据《关于实行市场准入负面清单制度的意见》确定的原则和基本要求,2016 年 3 月,国家发改委、商务部会同有关部门汇总、审查形成了《市场准入负面清单草案(试点版)》,该《草案》列明了在中华人民共和国境内禁止和限制投资经营的行业、领域、业务等市场准入负面清单事项,包括禁止准入类 96 项,限制准入类 232 项。

按照先行先试、逐步推开的原则,《市场准入负面清单草案(试点版)》在天津、上海、福建、广东 4 个省、直辖市试行至 2017 年 12 月 31

日,从 2018 年起正式实行全国统一的市场准入负面清单制度。试行期结束后,2018 年 5 月,国家发改委会同商务部印发《关于开展市场准入负面清单(试点版)全面修订工作的通知》,正式启动了《清单草案(试点版)》的修订工作。这次修订工作将形成并全面实施新版市场准入负面清单,建立信息公开平台,实现清单事项网上公开便捷查询。

2019 年建立实时和定期调整相结合的市场准入负面清单动态调整机制与全国统一的清单代码体系。市场准入负面清单的实施还将重点做好三个工作:一是从法律层面明确负面清单的功能定位,加快削减各行业、各区域的过多过乱的负面清单,并根据产业和市场发展,适时调整负面清单;二是切实做好实施负面清单的风险防控,对于跨境资本流动、国际金融市场波动等,要进一步补齐监管短板,出台相应的法律法规;三是加快相关配套保障制度的建设,比如社会信用体系、商事登记制度、市场监管体制等。①

2019 年 10 月 24 日,国家发展改革委、商务部会同各地区有关部门对《市场准入负面清单(2018 年版)》开展全面修订,形成《市场准入负面清单(2019 年版)》。《市场准入负面清单(2019 年版)》共列入事项 131 项,相比《市场准入负面清单(2018 年版)》减少了 20 项,缩减比例为 13%。其中,禁止准入类事项 5 项,对禁止准入事项,市场主体不得进入,行政机关不予审批、核准,不得办理有关手续;许可准入类事项共 126 项,包括有关资格的要求和程序、技术标准和许可要求等,由市场主体提出申请,行政机关依法依规作出是否予以准入的决定;对市场准入负面清单以外的行业、领域、业务等,各类市场主体皆可依法平等进入。此外,根据《市场准入负面清单(2019 年版)》,只针对境外市场主体的管理措施以及针对非投资经营活动的管理措施,准入后管理措施,备案类管理措施(含注册、登记),职业资格类管理措施,自然保护区、风

---

① 林远:《国办:实行全国统一的市场准入负面清单制度》,《经济参考报》2018 年 8 月 15 日。

景名胜区、饮用水水源保护区等特定地理区域、空间的管理措施等不列入市场准入负面清单，从其相关规定。

《市场准入负面清单（2019年版）》将产业政策、投资政策、互联网、主体功能区等全国性市场准入类管理措施直接纳入，确保"全国一张单"的权威性与统一性。例如，将《产业结构调整指导目录》中的"淘汰类项目"和"限制类项目"直接纳入市场准入负面清单；将《政府核准的投资项目目录》中与清单相关的事项直接纳入市场准入负面清单的许可类；将《互联网行业市场准入禁止许可目录》直接纳入市场准入负面清单，不再单独向社会发布。为了确保市场准入负面清单的准确有效，市场准入负面清单将会定期更新。例如，《市场准入负面清单（2019年版）》及时纳入新设立的准入措施，将"科创板首次公开发行股票注册"等依法新设的准入措施纳入其中。

（二）外商投资准入负面清单

党的十八届三中全会以来，随着我国明确提出建立外商投资准入前国民待遇加负面清单制度，逐步形成和完善了自贸试验区的外商投资准入负面清单，并在2017年首次提出了在全国范围内实施外商投资准入负面清单。2018年6月28日，国家发改委、商务部发布了《外商投资准入特别管理措施（负面清单）（2018版）》（以下简称2018版外商投资准入负面清单），自2018年7月28日起施行。

2018版外商投资准入负面清单是对《外商投资产业指导目录（2017年修订）》中的外商投资准入负面清单的修订，并单独发布。《外商投资产业指导目录（2017年修订）》中的外商投资准入特别管理措施（外商投资准入负面清单）同时废止，鼓励外商投资产业目录继续执行。2018年版外商投资准入负面清单大幅度缩减了负面清单的范围，由原来的63条减至48条，在汽车、通用航空、银行、证券、保险、期货等22个领域推出一系列重大开放措施。负面清单之外的领域，按照内外资一致原则实施管理，各地区、各部门不得专门针对外商投资准入进行限制。

2019 年 6 月 30 日,国家发展改革委、商务部发布了《外商投资准入特别管理措施(负面清单)(2019 年版)》,同时,《外商投资准入特别管理措施(负面清单)(2018 年版)》废止,国家发展改革委、商务部同日还发布了《鼓励外商投资产业目录(2019 年版)》,自 2019 年 7 月 30 日起施行。

全国外资准入负面清单条目由 48 条减至 40 条,压减比例达 16.7%,在服务业、制造业、采矿业、农业等 7 大领域进一步放宽外商投资准入,推出新的开放措施,在更多领域允许外资控股或独资经营,例如:采矿业领域,取消石油天然气勘探开发限于合资、合作的限制,取消禁止外商投资钼、锡、锑、萤石勘查开采的规定;农业领域,取消禁止外商投资野生动植物资源开发的规定;增值电信领域,取消国内多方通信、存储转发、呼叫中心 3 项业务对外资的限制等等。

笔者认为,2019 年的外商投资准入负面清单不仅是数量上的缩减,而且在准入领域的范围上也有质的突破,一些禁止类行业开始向外商投资进行开放。这不仅体现了我国在经济全球化面临单边主义、保护主义挑战的背景下,仍然坚持扩大对外开放、促进国际合作的信心与决心,也体现了我国政府对本国内资企业竞争力的信心,外资市场准入不再是"狼来了"。这也是改革开放多年来取得的成果,国内企业逐渐发展壮大并成熟起来,国内企业无惧于外资的准入,外资准入便水到渠成了。

以"取消石油天然气勘探开发限于合资、合作的限制"为例,该负面清单的取消正是近年来油气行业体制改革不断加快推进的成果。2017 年 5 月,国家印发了《关于深化石油天然气体制改革的若干意见》,允许符合准入要求并获得资质的市场主体参与常规油气勘查开采,这标志着油气体制改革正式拉开帷幕。2017 年 6 月,国家发展改革委员会和商务部联合发布了《外商投资产业指导目录(2017 年修订)》,并于 7 月 28 日起在全国范围内实施。允许外资投资石油、天然气的勘探、开发和矿井瓦斯利用等采矿业,但在文件最后的外商投资准入特别管理措施中又明确规定石油、天然气(含煤层气,油页岩、油砂、页岩气等除外)

的勘探、开发(限于合资、合作)。2018年6月,《外商投资准入特别管理措施(负面清单2018年版)》发布,正式取消了外资连锁加油站超过30家需中方控股的限制。2019年3月,国家发改委提请"今年放开油气勘查开采准入限制,积极吸引社会资本加大油气勘查开采力度"的决议已获通过。与此同时,国家发改委宣布,"石油天然气(含煤层气)对外合作项目总体开发方案由审批改为备案。取消石油天然气勘探开发限于合资、合作的限制,将不断加大外资石油企业在中国开展油气田的勘探开发,这对我国油气行业来说既是重大机遇也是严峻挑战。①此外,笔者认为,外商投资准入负面清单的制定与更新应建立在各自贸区负面清单的试验基础之上,各自贸区试验成功的清单可汇总为外商投资准入的负面清单。

与负面清单相对应的是,我国还制定了鼓励外商投资的积极清单。《鼓励外商投资产业目录(2019年版)》总条目1108条,其中全国目录415条,与2017年版相比增加67条、修改45条;中西部目录693条,与2017版相比增加54条、修改165条。2017年版《外商投资产业指导目录》和《中西部地区外商投资优势产业目录》中外商投资重点领域,除了根据技术、标准变化做必要的调整外,原则上保持不变,确保鼓励类政策的连续性、稳定性。

首先,继续将制造业作为鼓励外商投资的重点方向,全国目录新增或修改条目80%以上属于制造业范畴,支持外资更多投向高端制造、智能制造、绿色制造等领域。在装备制造业,新增或修改工业机器人、新能源汽车、智能汽车关键零部件等条目。在电子信息产业,新增5G核心元组件、集成电路用刻蚀机、芯片封装设备、云计算设备等条目。在现代医药产业,新增细胞治疗药物关键原材料、大规模细胞培养产品等条目。在新材料产业,新增或修改航空航天新材料、单晶硅、大硅片等条目。同时,鼓励外资投向生产性服务业。在商务服务领域,新增或

---

① 《油气重大改革!国家全面放开外商投资油气勘探开发!》,http://www.sohu.com,2019年7月2日。

修改工程咨询、会计、税务、检验检测认证服务等条目。在商贸流通领域,新增或修改冷链物流、电子商务、铁路专用线等条目。在技术服务领域,新增人工智能、清洁生产、碳捕集、循环经济等条目。值得注意的是,中西部目录进一步增加了劳动密集型、先进适用技术产业和配套设施条目。在云南、内蒙古、湖南等具有特色农业资源、劳动力优势省份新增或修改农产品加工、纺织服装、家具制造等条目。在安徽、四川、陕西等电子产业集群加快发展省份新增一般集成电路、平板电脑、通讯终端等条目。在河南、湖南等交通物流网络密集省份新增物流仓储设施、汽车加气站等条目。①

(三) 自贸区负面清单

1. 上海自贸区的 2013 年负面清单及 2014 年负面清单

2013 年 9 月 18 日,国务院公开批准《中国(上海)自由贸易试验区总体方案》,方案中提到要"探索建立负面清单管理模式"。2013 年 9 月 22 日,上海市政府通过了《中国(上海)自由贸易试验区管理办法》。该办法第 11 条标题为"负面清单管理模式",规定:"自贸试验区实行外商投资准入前国民待遇,实施外商投资准入特别管理措施(负面清单)管理模式。对外商投资准入特别管理措施(负面清单)之外的领域,按照内外资一致的原则,将外商投资项目由核准制改为备案制,但国务院规定对国内投资项目保留核准的除外。"

2013 年 10 月 1 日,上海市政府公布了《中国(上海)自由贸易试验区外商投资准入特别管理措施(负面清单)(2013 年)》(以下简称《负面清单(2013)》),这是在上海自贸区实施的第一份负面清单。从内容上看,上海自贸区的《负面清单(2013)》是按照《国民经济行业分类及代码》(2011 年版)分类编制的,包括 18 个行业门类。2014 年 6 月 30 日,上海市人民政府再次公布《中国(上海)自由贸易试验区外商投资准入特别管理措施(负面清单)(2014 年修订)》(以下简称《负面清单

---

① 《一文读懂 2019 年版外资准入负面清单》,《新京报》2019 年 6 月 30 日。

（2014）》）。与《负面清单（2013）》相比,《负面清单（2014）》提高了开放度、增加了透明度、与国际通行规则相衔接,主要表现在两个方面：第一,《负面清单（2014）》实现大幅瘦身,特别管理措施由原来的190条调整为139条,减少了51条,调整率达到26.8%。其中,因扩大开放而实质性取消14条管理措施;因内外资均有限制而取消14条;因分类调整而减少23条。第二,从开放的角度来看,《负面清单（2014）》实质性取消14条,实质性放宽19条,进一步开放的比率达到17.4%。此外,备案管理制度及事中事后监管制度也有了进一步发展。

《负面清单（2013）》与《负面清单（2014）》都是由上海市政府制定、公布并在上海自贸区内实施的负面清单。自实施负面清单管理制度以来,上海自贸区取得的成效斐然。上海市商务委员会公布,2014年中国（上海）自由贸易试验区新增外商投资项目2015个,比2013年猛增4.5倍,其中九成项目是按照负面清单通过备案设立的。据统计,2014年上海自贸区新增外资项目的合同外资达92.35亿美元,占当年上海吸引合同外资总量的近三成。在2015个新增外资项目中,两成集中在金融、文化、专业服务、社会服务等开放性领域,显示出上海自贸区独特的吸引力。强大的自贸区效应带动上海2014年吸引外资再创历史新高,全年累计吸引合同外资316.08亿美元,实际到位外资181.66亿美元,比2013年分别增长26.8%和8.3%,其中实到外资实现了连续15年保持增长。

上海自贸区的两个版本的负面清单的出台及实施,是上海自贸区最具有突破性的亮点,也是上海"先行先试"总结出的制度经验。全国各地学习效仿,用于本地的外商投资准入,一度出现"遍地开花"的景象。上海自贸区负面清单的成功经验得到国务院及各相关部门的肯定。2015年3月13日,国家发改委公布了《外商投资产业指导目录（2015年修订）》,此次的修订内容在一定程度上借鉴了上海自贸区的负面清单。

2. 全国首份统一适用的2015年自贸区负面清单

与前两个负面清单相比,《自由贸易试验区外商投资准入特别管措施(负面清单)》(以下简称《负面清单(2015)》)有了新的发展与质的飞跃。这份负面清单是由国务院于 2015 年 4 月 20 日发布并统一适用于上海、广东、天津、福建四个自贸区。

(1)《负面清单(2015)》的出台背景

第一,天津等三个新设自贸区相继成立。

2015 年 4 月 20 日,国务院批准并印发《中国(广东)自由贸易试验区总体方案》《中国(天津)自由贸易试验区总体方案》《中国(福建)自由贸易试验区总体方案》,4 月 21 日,广东、天津、福建三地自贸区同步挂牌正式成立。2015 年 4 月,国务院决定扩展上海自贸区的范围,扩展区域包括陆家嘴金融片区、金桥开发区片区和张江高科技片区,面积由原来的 28.78 平方公里增加到 120.72 平方公里。自此,我国开始进入南北方共同建设自贸试验区的新阶段。

四大自贸区各有特色,战略定位各有侧重。根据国务院的方案,上海自贸区是全方位的改革和开放的试验田,面向国际,推动上海成为国际经济中心、贸易中心、金融中心和航运中心;广东自贸区以深化粤港澳合作为重点,建设成为粤港澳深度合作示范区、21 世纪海上丝绸之路重要枢纽和全国新一轮改革开放先行地;天津自贸区,战略定位是努力成为京津冀协同发展高水平对外开放平台、全国改革开放先行区和制度创新试验田、面向世界的高水平自由贸易园区,重点发展融资租赁业、高端制造业和现代服务业;福建自贸区,作为大陆与台湾距离最近的省份,率先推进与台湾地区投资贸易自由化进程,把自贸试验区建设成为深化两岸经济合作的示范区,以及建设 21 世纪海上丝绸之路核心区等等。

四大自贸区各有特色,同时又相互联系、相互补充,具有共同的核心任务,即探索政府职能转变的新机制,建立和完善负面清单管理制度。四个自贸区统一适用负面清单,扩大了负面清单的实施范围,增加了负面清单的实施力度,有助于我们发现负面清单在实施过程中存在的问题,并有利于形成在全国范围内可复制、可推广的制度经验。

值得关注的是,从在上海设立全国第一家自贸试验区,到宣布海南全岛设立自贸试验区,逐步探索稳步推进中国特色自由贸易港建设,我国自贸试验区总数已达到12个。这12个自贸区统一适用自贸区负面清单。

第二,《中华人民共和国外国投资法(草案征求意见稿)》公布。

2015年1月19日,国务院公布了《中华人民共和国外国投资法(草案征求意见稿)》(以下简称《外国投资法(草案征求意见稿)》)。这是我国涉外投资法领域立法工作的重大发展,具有里程碑意义。党的十八届三中全会提出"构建开放型经济新体制""统一内外资法律法规,保持外资政策稳定、透明、可预期""改革涉外投资审批体制""探索对外商投资实行准入前国民待遇加负面清单的管理模式";党的十八届四中全会要求"适应对外开放不断深化,完善涉外法律法规体系,促进构建开放型经济新体制"。正是在这一背景下,此次立法活动应运而生。《外国投资法(草案征求意见稿)》一经颁布实施,《中外合资经营企业法》《外资企业法》《中外合作经营企业法》的效力即告终止。

虽然《外国投资法(草案征求意见稿)》全文并未出现"负面清单"这个概念,但负面清单的理念则贯穿在这部即将生效的法律之中。这是因为《外国投资法(草案征求意见稿)》改革了现行外商投资管理体制,取消了"外资三法"确立的逐案审批制管理模式,对于外商投资企业合同、章程不再保留行政审批,构建了"有限许可加全面报告"的外资准入管理制度。外国投资者在负面清单的范围内投资,需要申请外资准入许可;外国投资者在中国境内投资,不区分负面清单内外,均需要履行报告义务。由此可见,《外国投资法(草案征求意见稿)》采取的是准入前国民待遇加负面清单的管理模式,在实施负面清单管理模式下,绝大部分的外资准入将不再实行审批制度。

2019年3月15日,十三届全国人大二次会议表决通过了《中华人民共和国外商投资法》,自2020年1月1日起施行。相比《外国投资法

（草案征求意见稿）》的内容，《中华人民共和国外商投资法》（简称《外商投资法》）有较大变化。《外商投资法》第四条明确规定："国家对外商投资实行准入前国民待遇加负面清单管理制度。"该法的实施将使负面清单管理制度从 4 个自贸区向中国 960 万平方公里的大地上全面铺开，这是中国在外国投资领域方面的重大法治发展与变革，具有里程碑意义。

（2）《负面清单（2015）》的亮点与新发展

与上海市政府出台的前两部负面清单相比，国务院发布的《负面清单（2015）》调整幅度进一步加大。《负面清单（2015）》依据《国民经济行业分类》（GB/T4754‐2011）划分为 15 个门类、50 个条目、122 项特别管理措施。其中，特别管理措施除了具体行业措施外，还新增了适用于所有行业的水平措施，包括限制性措施 85 条、禁止性措施 37 条。未列出的与国家安全、公共秩序、公共文化、金融审慎、政府采购、补贴、特殊手续和税收相关的特别管理措施，按照现行规定执行。自贸区内的外商投资涉及国家安全的，须按照《自由贸易试验区外商投资国家安全审查试行办法》进行安全审查。

《负面清单（2015）》是首个全国自贸区统一适用的负面清单，从原来 28.78 平方公里的上海自贸区，到现在超过 460 平方公里的上海、广东、福建、天津四大自贸区，《负面清单（2015）》的适用范围大幅拓展。除了实施空间范围的拓展外，《负面清单（2015）》在内容上的发展与演进尤为值得关注，归纳起来，至少表现在如下几个方面：

第一，进一步衔接国际通行规则。

《负面清单（2015）》在格式和表述方式上进一步与国际通行规则相衔接。主要表现在：其一，表述方式不断完善。《负面清单（2015）》虽然继续采用《国民经济行业分类》作为分类标准，但是不再区分门类、大类和种类，而是直接表述为"领域"，更加清晰直观。其二，不符措施内容扩展。前两版负面清单的特别管理措施针对的内容基本上是国民待遇，仅包含 1 项高管和董事会要求；《负面清单（2015）》的特别管理措施针对的内容仍以国民待遇为主，但是增加了业绩要求、高管和董事会要求。其三,描述更加细化明确。如前所述,《负面清单(2015)》虽然增加了金融业及文化、体育和娱乐业领域的特别管理措施的条目,但这并不是扩大了限制的范围,而是更加细化了对特别管理措施的描述,进一步列明原来没有列出的条件。其四,完整性增加,增加了水平措施。从清单的完整性而言,《负面清单(2015)》增加了一个新的分类,即明确特别管理措施不仅有针对具体行业的措施,还增加了适用于所有行业的水平措施(第120条、第121条、第122条),共计3个条目,主要集中在股权投资、并购领域,例如,"《外商投资产业指导目录》中的禁止性以及标注有'限于合资'、'限于合作'、'限于合资、合作'、'中方控股'、'中方相对控股'和有外资比例要求的项目,不得设立外商投资合伙企业。"将适用于所有行业的水平措施直接在负面清单的表格部分列明,而非在清单前加以说明,这种方式在格式上更接轨国际通行规则,要求也更为明确。其五,拓宽了安全审查范围,从主要审查外资并购扩大到绿地投资;丰富了安全审查的内容,将互联网、文化、协议控制(VIE)等敏感领域和商业模式都纳入进来;完善了审查工作机制和程序,明确了自贸试验区地方管理机构的职责。

　　第二,开放度不断提高。

　　从特别管理措施的数量上看,《负面清单(2015)》比《负面清单(2014)》减少了17条,比《负面清单(2013)》减少了68条。从领域分类上看,制造业在清单中的比例大幅下降,由2014年版的近50条减少到目前的17条,其中,农副产品加工业、酒类、烟草、印刷、文教、工美体育和文化用品等一般制造业领域完全开放,只是在航空、船舶、汽车、轨道交通、通讯设备、矿产冶炼、医药制造等关系国计民生的重要制造业领域还保留对外资的限制。

　　以美国对外签署的BIT为比较对象,《负面清单(2015)》的开放度已经接近于美国在BIT中的负面清单开放度标准,尤其是更接近于美国早期BIT(2004年之前签署)的开放度标准。《负面清单(2015)》共列出15个行业、50个子行业和122项特别管理措施。在这15个行业中,美国 BIT 美方负面清单在该领域不存在对应项目的行业有 6 个,包括:"制造业"、"批发和零售业"、"科学研究和技术服务业"、"水利、环境和公共设施管理业"、"教育"和"卫生和社会工作"。美方负面清单在该领域存在对应项目的行业有 9 个,包括:"农、林、牧、渔业"、"采矿业"、"电力、热力、燃气及水生产和供应业"、"交通运输、仓储和邮政业"、"信息传输、软件和信息技术服务业"、"金融业"、"租赁和商务服务业"、"文化、体育和娱乐业"和"所有行业"。如果与美国早期 BIT 的负面清单比较,《负面清单(2015)》有 25 个子行业与美国负面清单项目存在对应关系;如果以美国最新 BIT(2004 年之后签署)为标准,《负面清单(2015)》的 15 个行业和 50 个子行业中,仅有 9 个行业中的 22 个子行业与美国负面清单存在对应关系。

第三,透明度不断增强。

《负面清单(2015)》无具体限制条件的管理措施缩减为 8 条,主要集中在"金属矿及非金属矿采选""矿产冶炼和压延加工""通讯设备制造"等关系国计民生的行业领域,例如,"贵金属(金、银、铂族)勘查、开采,属于限制类""锂矿开采、选矿,属于限制类"等等。此类无具体限制条件的管理措施在前两版负面清单中数量相对较多,在《负面清单(2013)》中为 55 条,在《负面清单(2014)》中为 25 条。

其次,透明度的增加还体现在对金融等领域限制性措施的进一步具体化,清单条目透明度提高了。从数量上看,金融领域和文化、体育和娱乐领域的特别管理措施增加了,如在金融领域,《负面清单(2014)》的特别管理措施为 4 条,《负面清单(2015)》增加到 14 条;在文化、体育和娱乐业领域,《负面清单(2014)》的特别管理措施为 8 条,《负面清单(2015)》则增加到 24 条。在这里,特别管理措施的数量增加并不意味着限制范围的扩大及开放度的降低,而是更加细化了对特别管理措施的描述,进一步列明原来没有列出的条件,代表着透明度的增加。

3. 2017 年负面清单与 2018 年负面清单

2017 年负面清单与 2018 年负面清单分别于 2017 年 6 月与

2018 年 6 月发布,统一适用于 11 个自贸区。[①]《负面清单(2017)》对银行、保险业的放宽主要体现在外资银行、外资保险公司在华业务层面。例如,取消了外国银行分行承销政府债券的限制;取消了外资银行获准经营人民币业务最低开业时间的要求;取消了对外资保险公司与其关联企业从事再保险的分出或者分入业务的限制。同时,在金融、保险业领域另一个比较突出的变化,是细化了某些投资领域的具体要求。例如,明确境外投资者在自贸区内投资金融机构在总资产、资质、股权比例等,但这些要求与区外相比,并没有进一步放开。

《负面清单(2018)》进一步减少特别管理措施,由 2017 年版 95 条措施减至 45 条措施,并在全国市场准入负面清单开放措施基础上,在更多领域试点取消或放宽外资准入限制,例如,采矿领域,取消石油、天然气勘探、开发限于合资、合作的限制,取消禁止投资放射性矿产冶炼加工与核燃料生产的规定;文化领域,取消演出经纪机构的外资股比限制,将文艺表演团体由禁止投资放宽至中方控股;增值电信领域,将上海自由贸易试验区原有 28.78 平方公里区域试点的开放措施推广到所有自由贸易试验区。(见表 4-1)

表 4-1　负面清单变化图表

序号	文件名称	制定年份	具体行业数量	特别限制措施数量
1	《负面清单(2013)》	2013 年	15	184
2	《负面清单(2014)》	2014 年	16	139
3	《负面清单(2015)》	2015 年	14	122
4	《负面清单(2017)》	2017 年	14	95
5	《负面清单(2018)》	2018 年	14	45
6	《负面清单(2019)》	2019 年	13	37

[①] 2017 年 3 月 31 日,国务院批复成立了中国(辽宁)自由贸易试验区、中国(浙江)自由贸易试验区、中国(河南)自由贸易试验区、中国(湖北)自由贸易试验区、中国(重庆)自由贸易试验区、中国(四川)自由贸易试验区、中国(陕西)自由贸易试验区 7 个自贸区。

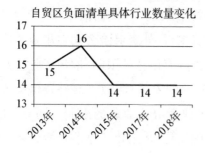

4.2019年负面清单

2019年6月30日,国家发展改革委、商务部发布了《自由贸易试验区外商投资准入特别管理措施(负面清单)(2019)》,同时,《自由贸易试验区外商投资准入特别管理措施(负面清单)(2018)》废止。负面清单条目由45条减至37条,压减比例达17.8%,取消了水产品捕捞、出版物印刷等领域对外资的限制,继续进行扩大开放先行先试。与《外商投资准入特别管理措施(负面清单)(2019)》相比较而言,自贸区负面清单减少3项管制措施,有2项准入门槛较低,虽然从数量上看自贸区的负面清单并没有比全国版的外商投资准入负面清单有明显优势,但自贸区负面清单有13项措施提出了更加明确的准入要求,更具透明度。

(四) 金融业负面清单

各自贸区都有各自的制度试验与创新的重点。上海自贸区以发展国际贸易、金融服务、航运服务、专业服务、高端制造为重点,并进行制度创新,其中在金融领域负面清单的制度创新与试验一直走在全国其他各自贸区的前列。

全国人大常委会先是于2013年8月通过了《关于授权国务院在中国(上海)自由贸易试验区内暂时调整实施有关法律规定的行政审批的决定》,此后又于2014年12月通过了《全国人大常务委员会关于授权国务院在中国(广东)自由贸易试验区、中国(天津)自由贸易试验区、中国(福建)自由贸易试验区以及中国(上海)自由贸易试验区扩展区域暂时调整有关法律规定的行政审批的决定》,该两项决定为上海自贸区金融法制改革的合法性提供了保障。

2014年7月,上海市人大常委会通过的《中国(上海)自由贸易试验区条例》(以下简称《上海自贸区条例》)是规范上海自贸区的基本法,其创新特点及目标之一即为扩大金融服务业开放并改革投资管理体制,引入准入前国民待遇加负面清单管理制度。《上海自贸区条例》第三章"投资开放"及第五章"金融服务"中规定了负面清单管理制度等金融创新政策(见表4-2),是近年来上海金融发展乃至全国金融体制改革的风向标。

《上海自贸区条例》全面地对上海自贸区的金融应"如何创新"给出了方向并划定了范围,其中,第12条、第13条、第16条涉及"准入前国民待遇加负面清单"管理制度。

表4-2 《上海自贸区条例》金融领域负面清单创新政策

条文	条款内容		创新点/与区外对比
第12条	自贸试验区在金融服务、航运服务、商贸服务、专业服务、文化服务、社会服务和一般制造业等领域扩大开放,暂停、取消或者放宽投资者资质要求、外资股比限制、经营范围限制等准入特别管理措施	进一步开放外资准入,推进"准入前国民待遇"区外无相关待遇	"准入前国民待遇加负面清单制度"由上海自贸区成功试点,该制度近几年开始在区外得以全面推广落实;并已明确在新《外商投资法》中
第13条	自贸试验区内国家规定对外商投资实施的准入特别管理措施,由市人民政府发布负面清单予以列明,并根据发展实际适时调整	"负面清单"制定区外无相关待遇,外商投资准入需审批	
第16条	自贸试验区内投资者可以开展多种形式的境外投资。境外投资一般项目实行备案管理,境外投资开办企业实行以备案制为主的管理,由管委会统一接收申请材料,并统一送达有关文书		根据商务部2009年第五号令《境外投资管理办法》规定,由商务部和省级商务主管部门对企业境外投资实行核准

《中国(上海)自由贸易试验区跨境服务贸易特别管理措施(负面清单)》首次以服务贸易的形式对外资在金融业的准入作出规范。2016

年,国务院部署在上海等 15 个省市和区域开展服务贸易创新发展试点,2017 年上海实现服务贸易总额 1955 亿美元,规模居全国第一。2018 年 6 月,国务院全面启动深化服务贸易创新发展试点。为深化上海自贸试验区建设,进一步扩大服务贸易领域对外开放,2018 年 10 月,上海探索制定了《中国(上海)自由贸易试验区跨境服务贸易负面清单管理模式实施办法》及《中国(上海)自由贸易试验区跨境服务贸易特别管理措施(负面清单)》,用以规范由境外服务提供者向上海自贸试验区内消费者提供服务的商业活动。这份负面清单以国际化、透明度、开放度为标准,是上海正式发布的全国首份服务贸易领域负面清单。这是上海自贸区对标国际制度创新、进行制度"复制""推广"的新试验。

自首个自贸区成立至今,金融服务业的负面清单发生了数次更新(见表 4-3)。2017 年 3 月 30 日,国务院印发《全面深化中国(上海)自由贸易试验区改革开放方案》,要求上海加快推进"金改 40 条",进一步深化金融开放创新。2017 年 6 月,上海自贸区发布首个按照国际惯例编制的金融服务业对外开放负面清单指引。《负面清单(2017)》为上海发布金融服务业对外开放负面清单指引提供了准绳和基础。中国(上海)自由贸易试验区管委会和上海市金融服务办公室联合发布《中国(上海)自贸试验区金融服务业对外开放负面清单指引(2017 年版)》(以下简称《指引》)。该《指引》仅作为针对上海自贸区金融服务业相关企业操作的引导性文件。从外资投资设立金融机构管理(市场准入限制)和外资准入后业务管理措施(国民待遇限制)两方面,涵盖股东机构类型要求、股东资产规模要求、股东经营业绩要求、股权结构限制等 10 个类别,共设置 48 项特别管理措施。《负面清单(2018)》与《负面清单(2019)》大大放宽金融业的外资准入,但就上海自贸区而言,外资在金融业的特别管理措施主要以服务业不符措施的形式规定在《中国(上海)自由贸易试验区跨境服务贸易特别管理措施(负面清单)(2018年)》中。

表 4-3　金融业负面清单更新表

文件名称	发布时间及发布部门	适用范围	限制类别	特别管理措施及条款数量（括号内的数字）	重点变化
《中国(上海)自由贸易试验区外商投资准入特别管理措施(负面清单)(2013年)》	2013. 9. 29 上海市人民政府	中国(上海)自由贸易试验区	货币金融服务；资本市场服务；保险业；其他金融服务	共计 5 项。货币金融服务(1)；资本市场服务(1)；保险业(1)；其他金融服务(2)	主要以《外商投资产业指导目录（2011 年修订）》等为依据
《中国(上海)自由贸易试验区外商投资准入特别管理措施(负面清单)(2014年版)》	2014. 6. 30 上海市人民政府	中国(上海)自由贸易试验区	货币金融服务；资本市场服务；保险业；其他金融业	共计 4 项。货币金融服务(1)；资本市场服务(1)；保险业(1)；其他金融业(1)	放宽了小额贷款公司和融资性担保公司的限制
《外商投资产业指导目录》(2015年修订)	2015. 3. 10 国家发展改革委员会、商务部	全国范围	金融业	共计 4 项。银行业(1)；保险业(1)；证券业(1)；期货业(1)	全国性文件,对金融业开放进行了限制
《自由贸易试验区外商投资准入特别管理措施(负面清单)(2015年版)》	2015. 4. 8 国务院办公厅	全国4个自由贸易试验区	银行业股东机构类型；资质；股比；外资银行；期货公司；证券公司；证券投资基金管理公司；证券和期货交易；保险机构设立；保险业务	共计 26 项。银行业股东机构类型(8)；资质(4)；股比(1)；外资银行(4)；期货公司(1)；证券公司(2)；证券投资基金管理公司(1)；证券和期货交易(2)；保险机构设立(2)；保险业务(1)	在金融行业采取了谨慎的开放措施

文件名称	发布时间及发布部门	适用范围	限制类别	特别管理措施及条款数量（括号内的数字）	重点变化
《自由贸易试验区外商投资准入特别管理措施（负面清单）（2017年版）》	2017.6.5国务院办公厅	全国11个自贸试验区	银行服务；资本市场服务；保险业	共计28项。银行服务（18）；资本市场服务（6）；保险业（4）	采取了谨慎的开放措施
《中国（上海）自由贸易试验区金融服务业对外开放负面清单指引（2017年版）》	2017.6.28上海市金融服务办公室、中国（上海）自由贸易试验区管理委员会	中国（上海）自由贸易试验区	股东机构类型；股东资产规模；股东经营业绩；资本金；股权结构；分支机构设立与运营；其他金融机构准入限制；业务范围；运营指标；交易所资格限制	共计48项。股东机构类型（13）；股东资产规模（6）；股东经营业绩（6）；资本金（2）；股权结构（10）；分支机构设立与运营（3）；其他金融机构准入限制（2）；业务范围（3）；运营指标（1）；交易所资格限制（2）	在金融行业继续采取了谨慎的开放措施
《自由贸易试验区外商投资准入特别管理措施（负面清单）（2018年版）》	2018.6.30国家发改委、商务部	全国11个自贸试验区	资本市场服务；保险业	共计3项。资本市场服务（2）；保险业（1）	外资证券、期货和寿险公司获得全面开放预期
《外商投资准入特别管理措施（负面清单）（2018年版）》	2018.6.28国家发展改革委员会、商务部	全国范围	金融业	共计3项。资本市场服务（2）；保险业（1）	与自贸区负面清单一致

续　表

文件名称	发布时间及发布部门	适用范围	限制类别	特别管理措施及条款数量（括号内的数字）	重点变化
《中国（上海）自由贸易试验区跨境服务贸易特别管理措施（负面清单）（2018年）》	2018.9.29 上海市人民政府	中国（上海）自由贸易试验区	货币金融服务；资本市场服务；保险业；其他金融业	共计31项。货币金融服务（2）；资本市场服务（20）；保险业（2）；其他金融业（7）	负面清单进一步提高金融业开放的透明度和可开放性。具体内容包括：放开银行卡清算机构和非银行支付机构市场准入限制；放宽外资金融服务公司开展金融评级服务的限制；支持更多境外投资者、中介机构等参与上海期货市场交易，争取在上海自贸试验区允许境外机构成为期货交易所会员等
《自由贸易试验区外商投资准入特别管理措施（负面清单）（2019年版）》	2019.6.30 国家发改委、商务部	全国12个自贸试验区	金融业	共计3项。证券公司、证券投资基金管理公司（1）；期货公司（1）；寿险公司（1）	外资证券、期货和寿险公司获得全面开放预期
《外商投资准入特别管理措施（负面清单）（2019年版）》	2019.6.30 国家发改委、商务部	全国范围	金融业	共计3项。证券公司、证券投资基金管理公司（1）；期货公司（1）；寿险公司（1）	与自贸区负面清单一致

（部分内容参见龙飞扬、殷凤：《从"先行先试"到"他山之石"：中国金融负面清单的发展逻辑和国际对标差异》，《上海对外经贸大学学报》2019年第6期）

四、负面清单管理模式的配套制度

推进政府管理由注重事先审批转为注重事中、事后监管。为此，2013 年 8 月 30 日，全国人民代表大会常务委员会通过《关于授权国务院在中国（上海）自由贸易试验区暂时调整有关法律规定的行政审批的决定》，暂时调整《中华人民共和国外资企业法》《中华人民共和国中外合资经营企业法》和《中华人民共和国中外合作经营企业法》规定的有关行政审批。上述行政审批的调整在 3 年内试行，对实践证明可行的，应当修改完善有关法律；对实践证明不宜调整的，恢复施行有关法律规定。该决定自 2013 年 10 月 1 日施行。这一决定暂时调整了以上 3 部外商投资企业法律规定的 11 项行政审批，改为备案管理。

（一）清单外的备案管理制度

实行备案管理制度的目的是在放松对企业市场准入审批管理的同时，加强对企业营运活动的行政监管和社会监督，维护市场竞争秩序，即我们通常所说的"宽进严出"。上海市政府陆续颁布了《中国（上海）自由贸易试验区外商投资项目备案管理办法》《中国（上海）自由贸易试验区外商投资企业备案管理办法》《中国（上海）自由贸易试验区境外投资开办企业备案管理办法》和《中国（上海）自由贸易试验区境外投资项目备案管理办法》，对自贸区内的负面清单外的外商投资或区内企业到境外投资实行备案制管理。在试验区备案制管理模式下，对负面清单以外的领域，在外资准入阶段，商务主管部门只对其投资主体资格、投资领域行业等基本信息进行备案，投资管理由事先审批转为注重事中、事后监管，外资企业设立由工商一口受理，管委会、工商、质监、税务并联办事，大大缩短办事时限。

伴随着备案管理制度，上海自贸区开拓实施了一系列创新措施，包括：建立一口受理、高效运作的服务模式，完善信息网络平台，实现不同部门的协同管理机制；建立行业信息跟踪、监管和归集的综合性评估机制,加强对试验区内企业在区外经营活动全过程的跟踪、管理和监督;建立集中统一的市场监管综合执法体系,在质量技术监督、食品药品监管、知识产权、工商、税务等管理领域,实现高效监管,积极鼓励社会力量参与市场监督;提高行政透明度,完善体现投资者参与、符合国际规则的信息公开机制;完善投资者权益有效保障机制,实现各类投资主体的公平竞争,允许符合条件的外国投资者自由转移其投资收益等。

(二) 以政府职能转变为导向的事中事后监管制度

加快转变政府职能,由注重事前审批转为注重事中事后监管,形成6项制度为主体的事中事后监管制度框架,加强对市场主体"宽进"以后的过程监督和后续管理。这6项事中事后监管制度框架包括安全审查制度、反垄断审查制度、社会信用体系、企业年度报告公示和经营异常名录制度、信息共享和综合执法制度、社会力量参与市场监督制度。

安全审查制度重点是建立在外资企业准入阶段协助国家有关部门进行安全审查的工作机制。《总体方案》明确提出"完善国家安全审查制度"。《负面清单(2014)》指出除负面清单中所列明的特别管理措施,禁止外商投资危害国家安全和社会安全等项目,自贸区内的外资并购、外国投资者对上市公司的战略投资、境外投资者以其持有的中国境内企业股权出资,若涉及国家安全审查、反垄断审查的,按照相关规定办理。《自贸区条例》则进一步明确了自贸区管委会依法履行国家安全审查、反垄断审查有关职责,并提出在上海自贸区建立涉及外资的国家安全审查工作机制,对属于国家安全审查范围的外商投资,投资者应当申请进行国家安全审查,有关管理部门、行业协会、同业企业以及上下游企业可以提出国家安全审查建议。

反垄断审查制度的重点是探索在经营者集中、垄断协议和滥用市场支配地位等方面参与反垄断审查的制度安排。除了负面清单、《自贸区条例》中明确规定的反垄断审查制度的相关条款外,2014年10月14日,上海市工商行政管理局发布《中国(上海)自由贸易试验区反垄断协议、滥用市场支配地位和行政垄断执法工作办法》,专门规范了自贸区三个领域反垄断的工作办法,并形成了上海自贸区反垄断审查联席会议制度方案。

社会信用体系是自贸区自由贸易的基石,即建设公共信用信息服务平台,完善与信用信息、信用产品使用有关的一系列制度。2014年4月30日正式开通上海市公共信用信息服务平台,打破各部门的"信息孤岛"困局,整合全面的企业乃至个人的诚信记录。目前,上海自贸区子平台已完成归集查询、异议处理、数据目录管理等功能开发工作,同时探索开展事前诚信承诺、事中评估分类、事后联动奖惩的信用管理模式。

企业年度报告公示和经营异常名录制度的建立是信用监管的基础工作。企业年检制改为年度报告公示制度后,企业通过信用信息公示系统向工商部门报送年度报告,特定企业还须提交会计师事务所出具的年度审计报告。目前,一批未按期限年报公示的企业,已被纳入首批经营异常名录。为切实落实企业信息公示监管工作,2014年3月,上海市工商行政管理局出台了《中国(上海)自由贸易试验区企业年度报告公示办法(试行)》《中国(上海)自由贸易试验区企业经营异常名录管理办法(试行)》。2014年11月,上海市工商局网站向社会公示了首份企业经营异常名录,内含1467家企业,这是上海市工商局立足创新,积极开展自贸区企业年度报告公示工作先行先试的新突破,为企业信息公示经验的"可复制可推广"打下了基础。

信息共享和综合执法制度即建设信息服务和共享平台,实现政府管理部门监管信息的归集应用和全面共享,建立各监管部门的联动执法、协调合作机制。2014年9月,上海市政府颁发《中国(上海)自由贸易试验区监管信息共享管理试行办法》。目前,平台已初步实现各管理部门监管信息的归集应用和共享,促进跨部门联合监管。在综合执法方面,重点是建立各部门联动执法、协调合作机制,包括相对集中行使执法权、建设网上执法办案系统、建设联勤联动指挥平台。上海自贸试验区在探索信息共享方面走得比较超前。已经上线的信息共享体系,现在已经汇集了40多个部门、3万多家企业的700多万条信息,为负面清单管理模式下事中、事后监管提供了很多依据。①

　　社会力量参与市场监督制度的重点是通过扶持引导、购买服务、制定标准等制度安排,支持行业协会和专业服务机构参与市场监督。目前,上海自贸区《促进社会力量参与市场监督的若干意见》正在征求意见。社会参与委员会已经设立,由社会知名人士担任理事长,并由企业、行业协会和商会代表组成;会计师事务所等专业服务机构已经承担企业年报审计工作,第三方检验机构已为上海自贸区进出口商品检验出具鉴定报告,商事纠结调解中心也已经在区内开展业务,上海国际仲裁中心仲裁院、上海国际航空仲裁院也已在上海自贸区内设立。

---

① http://www.gov.cn/xinwen/2015-12/12/content_5023022.htm,上海自贸区新增企业2.1万家外商投资企业占比达20%,2016年8月14日。

第五章　我国外资准入国民待遇和负面清单管理模式的建议

改革开放以来,我国经济发展取得了举世瞩目的成就。我国不仅是资本输入大国,也逐渐发展成为资本输出大国。外资准入国民待遇和负面清单管理模式符合我国外资体制改革的总体方向:首先,作为资本输出国,资本输入国的外资准入国民待遇能够保障我国海外投资的顺利、公平准入,促进我国对外投资;其次,作为东道国,我国在外资准入时期实行国民待遇,保障外资与内资的公平竞争,不仅大大吸引了外国资本、技术、管理经验等,而且在广范围、长时期的竞争状态下促进我国企业革新与发展,有利于我国产业结构的升级与优化。

一、国际层面制度建设的建议

在全球经济一体化的进程中,我们应当在我国自贸区战略的指导下,构筑以我国为中心的"轮轴-辐条"体系。

(一)多边贸易体制下,坚持以正面清单为模式的准入前国民待遇标准

国家主权与经济安全始终是国际投资法领域两大永恒的主题。为了维护广大的发展中国家的利益,《多哈部长宣言》第 22 段倡导基于正面清单模式的准入前国民待遇标准。作为发展中国家,我国在多边贸易体制的谈判中,应当坚持以正面清单为模式的准入前国民待遇的谈

判标准。目前,WTO框架内的《复边服务贸易协定》(TISA)正在紧锣密鼓地进行,作为WTO成员方,我国需要密切关注可能出现的负面清单谈判模式及其影响,并积极参与相关议题的讨论。

(二) 区域贸易体制下,警惕投资自由化导致的贸易转移效应

区域贸易协议的数量日渐增多,并已经成为建立高标准投资规则的推手。作为贸易和投资大国,中国不仅不能无视这一新的区域经济一体化的现象,而且还应当积极融入区域经济一体化的进程,否则就会逐步被边缘化。

我国应当按照本国的自贸区战略,决定是否加入或主导某个区域贸易协定的谈判,决定是否采纳以负面清单为模式的准入前国民待遇标准,并按照WTO对区域协定的规制纪律,对投资等谈判议题提出主张。关于投资规则方面,我们要尤其关注防止投资自由化而导致的贸易转移效应的发生。

(三) 双边协定中,基于对等与互惠原则,可以采纳以负面清单为模式的准入前国民待遇标准,体现不符措施的国别机制

如前所述,美国在制定负面清单时,针对不同的缔约国,制定的不符措施及其表述的形式与内容不尽相同。因此,尽管美国在国内没有制定一份统一的市场准入负面清单,但是与美国签订了国际条约或国际协定的各缔约国都必须承担各自的准入义务。

在双边投资协定的谈判中,我们应当从国家战略的高度出发,综合考虑经济、政治、外交、安全等各个因素,借鉴印度等国的经验,采取国别选择的做法,有选择地在双边协定的谈判中采取以负面清单为模式的准入前国民待遇条款。

上海自贸区的负面清单经过数次更新后,负面清单内特别措施的数量已经只有40多项了。笔者认为,自贸区的负面清单具有试验性与阶段性,在还没有试验成熟的情形下,这些负面清单不是我国对外进行BIT或FTA谈判的依据,更不是我国承担的外资准入的国际义务,不

断精简的负面清单反映了中国政府对国内产业现状的不断深入了解，但是，对外谈判或签订 BIT 或 FTA 时，中国政府仍然要在基于我国国家主权、经济安全、产业发展的基础上，制定负面清单，各自贸试验区负面清单内的措施应是最基本的措施，或者说是底线措施，BIT 或 FTA 负面清单中的不符措施不得少于各自贸区的试验措施。

借鉴美国等发达国家在 BIT 或 FTA 中负面清单的设置，我国 BIT 或 FTA 负面清单也可以分为三种类型：现有不符措施负面清单、未来不符措施负面清单与金融服务业领域的不符措施负面清单(见表 5-1)。其中，现有不符措施负面清单与金融服务业领域的不符措施负面清单依据的是全国统一市场准入负面清单，最大限度地维护国家利益，兼顾缔约国国别差异和产业特征，基于对自身产业竞争力、发展潜力的客观分析，结合缔约国相应产业发展态势和政策进行统筹考量，并在与不同谈判国的综合国力进行比较分析的基础上进行谈判而达成的。可以说，全国统一市场准入负面清单应是我国 BIT 或 FTA 负面清单谈判的基础与核心内容，但针对不同谈判国，我国 BIT 或 FTA 负面清单也应具有差异化特征。

全国统一市场准入负面清单是在各自贸试验区的负面清单试验成功后对之加以制度化与常规化的产物。我们将在国内负面清单的相关章节中论述这部分内容。

表 5-1 我国 BIT 或 FTA 负面清单

	现有不符措施负面清单	未来不符措施负面清单	金融服务业领域不符措施负面清单
保留类型	国民待遇、业绩要求、最惠国待遇、高管与董事会成员要求、当地存在、市场准入	国民待遇、业绩要求、最惠国待遇、高管与董事会成员要求、当地存在、市场准入	国民待遇、业绩要求、最惠国待遇、高管与董事会成员要求、市场准入
基本要素	部门、子部门、保留类型、政府级别、法律依据、措施描述	部门、子部门、保留类型、法律依据、措施描述	部门、子部门、保留类型、政府级别、法律依据、措施描述

	现有不符措施 负面清单	未来不符措施 负面清单	金融服务业领域 不符措施负面清单
主要内容	合理设置限制措施,对重要性、敏感度及竞争力不同的行业采用不同限制强度、多样性的条款,最大程度地维护国家利益,避免危及国家安全,而非仅仅基于产业是否处于优势地位的考量	保留对现有的限制措施进行修订或设立更严格的新的限制措施的权利,可以包括: 1. 重点行业,如交通运输业(对于公路、铁路、机场、港口服务和基础设施建设等)、通信服务、能源等 2. 对影响力尚不清晰的产业 3. 适用于所有行业的特殊事项;如国有企业;由于社会和经济因素产生的少数民族问题;对于公共污水处理、供水、社会福利、公共教育、公共培训、健康等社会服务领域;政府当局运作过程中提供的服务 4. 其他国际双边或多边协定的例外规定	在金融服务负面清单中,对保险业、银行及其他金融服务行业,提出不符措施,发挥"金融审慎例外"作用。金融审慎例外的措施种类有:有关保护金融消费者的措施;宏观审慎监管措施,确保金融体制完整和稳定的措施。落实金融业国家安全审查制度,确保中国金融运行安全

(四) 中美 BIT 谈判中国负面清单的建议

中美双边投资谈判由美方于 1986 年提出,此后因为一些原因搁置,后于 2008 年重启,在经历了 9 轮谈判之后,2013 年中国终于同意以负面清单与准入前国民待遇来接续谈判。笔者认为,在时隔 27 年之后,中国态度的转变正是基于国家战略的高度而采取的举措。

中美 BIT 谈判中,中国在制定负面清单时,可以借鉴韩国制定韩美 FTA 负面清单的一些经验。韩美 FTA 附件中,美国共有 35 项不符措施,而韩国则有多达 109 项不符措施,且例外措施种类丰富,包括当地存在、市场准入、国民待遇、业绩要求、高管构成与最惠国待遇,其中当地存在、市场准入、国民待遇这三种例外的不符措施居多,体现了韩国对于国内相关产业的强力保护。韩国的这些不符措施广泛存在于农业、服务业、制造业以及弱势群体保护等社会事业中,是韩国政府在对自身产业竞争力、发展潜力进行客观分析的基础上制定出来的。这主要表现在以下几个方面：

第一，严格把控涉及国家经济文化安全的领域开放。例如韩国认为金融与电信业是国民经济中至关重要且高度敏感的行业，在韩国对外签订的多个 FTA 中，均单独列出金融和电信领域章节，对其市场准入进行严格界定。在美韩 FTA 中，韩国在附件 3 金融领域负面清单中所列出的现行不符措施与未来不符措施共计 18 项。

第二，审慎保护竞争力较差的产业。如商业服务业和专利及许可使用权购买是韩国对美国服务贸易逆差的主要来源，因此，韩国在美韩 FTA 负面清单中对上述两个行业采取了审慎保护的措施，且主要采用当地存在和市场准入限制的措施。

第三，对于优势产业，仍然采取适度的选择性保护、避免全面开放的态度。例如，建筑和交通运输业是韩国最具竞争力的两大服务行业，2012 年，韩国是全球建筑服务的第一大出口国和第三大运输服务出口国，不仅对于美国而且对于其他绝大多数国家，这两项行业都是韩国贸易顺差的重要来源，但是韩国对于这两个行业的市场准入采用了有选择性的保护。例如，韩国某研究机构认为，韩国建筑业虽然施工技术竞争力很强，但在高附加值的工程、环保、节能环保材料以及智能部分的技术竞争力却很弱，与美国等发达国家存在较大差距，因此，在韩国对外签订的所有 FTA 中，几乎都将建筑服务、建筑机械装备的租赁、维修、保养、出售及处置服务，以及工程设计咨询服务列入现行不符措施负面清单，对外资进入相关产业的韩国市场做出了严格的当地存在要求。

第四，泛化对未知领域的产业保护。在附件 2 未来不符措施负面清单中，韩国负面清单大量使用一些模糊和宽泛的表述，力争将尽可能多的不符措施涵盖其中，如大量使用了"有权采取或维持任何措施"这样的措辞，多处使用"在相同或类似的情况下"以及"有权采取，但不局限于以下措施"这样的表述方式。[1]

目前中美 BIT 谈判中，中方关注的核心问题仍然是东道国如何实

---

[1]　参见武芳：《韩国负面清单中的产业选择及对我国的启示》，《国际贸易》2014 年第 6 期。

行准入前国民待遇的问题和东道国如何在面临金融危机的情况下实施审慎监管措施的问题。我们认为,在 BIT 谈判中,中方至少要从以下几个角度来维护国家利益:

1. 我国在制定负面清单时,必须要体现我国产业保护的核心利益,与国家产业政策相呼应,将敏感和重要产业采取分类制定负面清单的方法,并保留有条件地扩大负面清单的权利。这就要求我们应加强对国内产业竞争力的科学分析,并在此基础上与谈判国的产业进行比较研究。

2. 我国应当在准入前国民待遇条款的例外情形问题上与美国达成一致意见,并将其在 BIT 文本中予以制度化。这些例外情形应当包括"公共道德例外""公共秩序例外""公共健康例外""国际收支平衡例外""金融安全例外"等,其中"金融安全例外"应是中方需要特别关注的问题。由于美国 2012 年 BIT 范本对投资的自由转移作出了相当高的要求,但其修改的内容对维护金融安全的作用可以说是微乎其微,因此,在投资东道国面临金融危机的情况下,美国式双边投资协定很可能成为阻碍其经济复苏的障碍。[①] 针对"金融安全例外"问题,我们可以参考美韩自贸协定的相关内容。该协定第 13 章是关于金融服务的,其第 13.3 条明确排除了对几类金融服务有关的措施适用:构成公共退休计划或法定社会保险体制一部分的金融活动;保证当事方的财政来源的金融活动;政府金融服务部门政府采购有关的法规。这是双方共同的负面清单。协定第 13.9 条作为专门的"不符措施"条款授权缔约国可单方面列出本国的负面清单。从韩国列出的内容上看主要包括以下几种类型:第一类,单方面声明有关措施并没有违反市场准入的规定。这方面的内容涉及保险公司、银行业务、外汇管理等方面的法律法规。如规定金融机构不得为非商业目的取得不动产。第二类,明确有关措施属于例外情况从而国民

[①]　崔凡:《美国 2012 年双边投资协定范本与中美双边投资协定谈判》,《国际贸易问题》2013 年第 2 期。

待遇条款不适用。如在韩国的外国保险公司的分公司必须在韩国保有特定要求的资产。此外,韩国还就保险、银行、证券行业中涉及市场准入和国民待遇的限制作出了具体描述。这些都可作为中方谈判时的借鉴。①

3. 虽然中美 BIT 谈判目前处于停滞不前的状态,但 BIT 谈判仍然是推动中美两国经贸关系发展的一个重要着力点。中方要以中美 BIT 谈判为推手,要求美方在其国家安全审查标准、高新技术投资限制、中国汇率制度等方面澄清观点,并与中方达成共识。

在负面清单的谈判中,我们首先要了解美国在清单方面的基本思路。从美国之前在 TPP 谈判中所承诺的负面清单以及美国与韩国、澳大利亚、乌拉圭、卢旺达等国家签订的 BIT/FTA 中的负面清单来看,美国的负面清单变化不大。由此,我们大概可以判断,美国版的负面清单已经相对固定了明确而稳定的诉求,绝大多数事项已经成了负面清单的"标配版",只是根据不同的签约对象有所微调而已。其次,我们也必须要了解国内负面清单的实践情况。经过几次调整,2019 年最新版的特别管理措施数量已经降至 37 项。经过多次讨论、反复试验的自贸区特别管理措施目录将是中美 BIT 负面清单谈判的基础。在此基础上,针对中美双边投资的现状,坚持将涉及国家重要利益的产业纳入负面清单,同时在某些我国具有较强竞争力的产业上作出必要的取舍,将推动中美 BIT 负面清单的顺利达成。

在对两个负面清单整体把握的基础上,我们发现对于美国的优势产业,比如金融业、商品服务业,在吸引外商投资的同时,美国还是对其采取了适度保护的政策,避免过度开放带来的风险。而对于并不占优势的产业,美国则秉承谨慎开放的态度。

---

① 龚柏华:《中国(上海)自由贸易试验区外资准入"负面清单"模式法律分析》,《世界贸易组织研究与动态》2013 年第 6 期。

二、国内负面清单完善的建议

(一) 建立全国统一的市场准入负面清单

从各国的实践来看,负面清单是各国在签订 BIT 或 FTA 时附在协议之后的附件,是各国对协议其他签署国承担的只在清单范围内进行限制或禁止的市场准入的国际义务。针对不同的签署国,不同的 BIT 或 FTA 中的具体限制或禁止的范围或方式也各不相同。因此,笔者认为,各自贸区出台的负面清单应是各自贸区在试验期间的阶段性制度,是一种过渡性负面清单,承担的是制度测试和产业竞争压力测试的作用。

经过测试,各自贸区清单内的措施如若确有保留的必要,则这些措施即可在全国其他地区进行制度复制与推广,从而形成全国范围内的负面清单。因此,笔者认为,我们可以借鉴印度尼西亚、菲律宾等发展中国家的经验建立全国统一的负面清单,且该负面清单应当是统一适用于包括内外资在内的所有企业。这种全国性的统一的市场准入负面清单应当是一种最低要求的核心措施,用于我国在 BIT 或 FTA 负面清单谈判中的依据,是中国对外签订的 BIT 或 FTA 中都必须包含的不符措施。此外,我们可以在这个最低要求的核心措施之外,借鉴美国等发达国家的经验,针对不同的谈判国家,基于国家利益,在综合国力与产业优势比较分析的基础上,再增加其他不符措施。目前国家发展改革委、商务部发布的《市场准入负面清单》即是统一适用于包括内外资在内的所有企业。

全国统一的负面清单可以包括两种类型,即现有不符措施负面清单与金融服务业领域的不符措施负面清单。这两类清单应是我国 BIT 或 FTA 中现有不符措施负面清单与金融服务业领域的不符措施负面清单的谈判与签订的国内法依据。

(二) 外资准入标准还需要符合可持续发展的宗旨

当前国际投资法律制度领域面临最重大的挑战之一是如何在促进

外国投资与保护社会和环境两大原则之间寻求平衡。在国际贸易投资规则重构的进程中,可持续发展的目标成为新一代的国际投资协定谈判及投资决策的考量因素,旨在确保在促进国际投资保护的同时,能够促进东道国的可持续发展、经济的包容性增长以及投资对环境和社会的有利影响。一个国际投资条约,如要充分考虑可持续发展,则意味着该条约应包括如下内容:促进和保护有利于东道国发展的投资;不限制政府出于保护公共利益(环境、公共卫生或安全)的目的实施监管措施的权利;不会使国家遭受高昂的诉讼费用以及巨额的金钱赔偿;鼓励投资者承担企业社会责任等等。

联合国贸发会议的可持续发展投资政策框架提出的"可持续发展"主要涵盖环境、社会发展、企业社会责任等内容,强调外国投资应纳入东道国的可持续发展战略,倡导各国签订可持续发展友好型IIAs。[①] 近年来,IIAs 有关"可持续发展"的实践已有一些重要的发展。美国 2012 年修订的 BIT 范本,将之前的"尽最大努力"去严格执行国内环境和劳工法律的承诺,转变成了一项具有法律约束力的义务,而且它也明确地认识到了环境法律政策意义及多边环境协定的重要性,并重申了其根据国际劳工组织的基本原则和权利宣言作出的承诺。越来越多的 BITs 在序言中表明,BITs 不会为了促进和保护投资而以其他重要价值,如健康、安全、劳工保护和环境为代价。在 2011 年签订的20 项 IIAs 中,有 12 项含有"在条约序言中提及健康与安全、劳工权、环境保护或可持续发展",11 项明确承认"双方不应为吸引投资而放宽健康、安全或环境标准"。上述规定意味着确保 IIAs 不致干扰缔约国的可持续发展战略,而是应对该战略作出贡献。

外资市场准入具体而言:第一,以促进投资自由化和投资便利化为目的。一方面,进一步探索扩大外资市场准入的范围,不断拓展新的对外开放领域;另一方面,以构建法治政府和服务型政府为依托,提高

行政效率,进一步优化外商投资环境,建立健全有利于企业运作的完善的市场制度体系,培育吸引外资的全要素综合优势[①],切实保护投资者合法权益。第二,通过制度建设和政策引导,进一步加强产业引导或区位引导,提升外资的投资质量、优化外商投资结构、合理外资的布局,但在立法技术上,避免对外资实施低国民待遇或超国民待遇原则。实施内外资的国民待遇原则,按照国际经济新规则,坚持市场主体的公平竞争。第三,完善政府监督机制,维护社会主义市场经济的健康发展。

综上,我们建议不论清单内或清单外的所有外国投资在准入我国市场时,必须要符合可持续发展这一宗旨。为此,我们建议上海可以在以下几个方面完善地方性法规,为全国性的立法提供地方制度经验。

1. 研究制定上海市的节能节地节水、环境、技术、安全等市场准入标准

早在 1994 年,国务院就通过了《中国 21 世纪议程——中国 21 世纪人口、环境与发展白皮书》,表明中国今后的发展将走上一条人口、经济、社会、环境、资源协调发展的道路。然而,在我国经济社会的可持续发展中,人口、环境、资源与官员政绩、地方经济扩张、招商引资诸因素间经常发生冲突。即使商务部 2004 年 6 月出台的《环境保护行政许可证暂行办法》也未对外商直接投资尤其是合资合作项目的环评问题作出具体规定。各地招商引资过程中只对投资规模的审批权限做了分层次规定,而且在评估和分析外资利用效应时更多的是举证外资对当地资源与环境要素产生的正向效应,而相应的负面效应则被忽视。

2014 年 6 月,国务院发布《关于促进市场公平竞争维护市场正常秩序的若干意见》,要求商务部与发改委牵头负责"完善节能节地节水、环境、技术、安全等市场准入标准。探索对外商投资实行准入前国民待遇加负面清单的管理模式。"同年 12 月,上海市政府在发布的《贯彻〈国务院关于促进市场公平竞争维护市场正常秩序的若干意见〉的实施意

[①]　把利用外资从主要依靠生产成本优势转到主要依靠人才、环境、市场上来,致力于形成产业配套、国内市场、基础设施、人力资源、行政服务等各要素综合性优势。

见》中也进一步要求市级行政机关按职责"改革市场准入制度和退出机制。……行政审批中,不以投资是否充分、市场是否饱和作为是否批准的条件,淡化经济业绩、企业人数、注册资本等经济性准入标准,强化资源节约、环境友好、质量、安全等社会性准入要求。"

2016 年新修订的《上海市环境保护条例》更进一步表明了上海市的城市可持续发展战略。因此,我们应积极探索符合上海特点、具有鲜明时代特色的大都市可持续发展道路。上海引入外资也必须符合这一可持续发展的宗旨。在可持续发展的宗旨下,设置资源、环境、社会管理和国家安全方面更加系统的规制机制,将资源成本、环境成本、社会成本和安全成本内化为外资企业的经营成本,充分调动外资企业节约资源、保护环境、创造和谐、促进地区安全的积极性并发挥其独特的理念、制度、技术和管理优势。为此,我们建议,上海市相关部门联合研究制定如何完善节能节地节水、环境、技术、安全等市场准入与退出标准。

2. 健全环境影响评价法律责任制度

充分利用环境影响评价制度来防范外国污染行业转移。《中华人民共和国环境影响评价法》于 2002 年 10 月 28 日发布,2003 年 9 月 1 日实施,2016 年 7 月 2 日修订,新修订的《环评法》自 2016 年 9 月 1 日起施行。修改后的《环评法》通过弱化行政审批、强化规划环评、加大未批先建处罚力度,达到实现从源头减少环境污染的目标。

为推动《环评法》在上海的贯彻落实,2004 年 7 月,上海市政府颁布了《上海市实施〈中华人民共和国环境影响评价法〉办法》(市政府 24 号令,以下简称《环评法实施办法》),自 2004 年 7 月 1 日起施行。另外,市环保局还定期发布《上海市建设项目环境影响评价分级管理规定》以及《上海市不纳入建设项目环评分类管理的项目类型》,现行的版本分别是 2012 年和 2015 年的版本。这些地方性法律规范细化并强化了《环评法》在上海的落地实施。

新修订的《环评法》自 2016 年 9 月 1 日开始施行,上海市出台的上述办法或规定面临新一轮的调整。2016 年新修订的《上海市环境保护条例》在环境影响评价制度修订方面则没有很好地体现新修订的《环评法》的需求,存在不足之处,需要进一步健全与完善,尤其是对违反环评的处罚力度不够,其第63条只对建设单位开工建设前未依法备案的情形规定了处罚措施,且罚款力度太轻,处一万元以上十万元以下的罚款,另外,该63条并没有对未依法审批的情形规定处罚措施。《上海市环境保护条例》并没有将《环境影响评价法》的相关内容在地方性法律中加以贯彻落实,表现为:规划环境影响评价的范围还十分有限,战略环境影响评价制度还没有建立起来,在制定本地区的经济发展规划和外资引进决策时,没有规定对"国民经济和社会发展计划"进行环境影响评价,在其他重大决策、政策以及各种立法活动中也没有将环境影响评价作为必要的依据。因此,上海市政府需加快研究制定本市的企业准入环境影响评价规定,并健全环境影响评价法律责任制度。

我们建议,上海市相关部门就企业市场准入的环保规则加以细化。尤其是在新《环评法》取消了环评审批作为项目核准的前置条件,取消了环境影响报告书、环境影响报告表预审等情况下,如何健全以事后监管为核心、以环评后监督为重点的制度体系,使得我们在整个经济发展的产业结构、投资结构与投资方向上,全面、科学地统筹好规划环境保护工作。此外,上海市在将外资政策与环保政策相配套与结合上,应进一步完善环境准入制度,在环保规范中增加外商投资发展问题,而外资规范亦应考量可持续发展问题。

3. 积极寻求外商投资中"高能耗、高污染"问题的解决对策

由于发达国家严格的环境保护措施,"高能耗,高污染"的夕阳产业不断转移到发展中国家;外商在中国的投资也以第二产业为主,包括大量投资于污染密集型产业。但随着经济发展到一定水平,此种"高耗能,高污染"的外国投资,必然会形成对中国可持续发展的障碍。

新修订的《上海市环境保护条例》虽然规定了"市经济信息化部门会同市发展改革等有关行政管理部门制定本市产业结构调整指导目录时,应当根据本市环境质量状况和重点污染物排放总量控制计划,将高

污染、高能耗产业纳入淘汰类、限制类产业目录。""对列入淘汰类、限制类产业目录的排污单位,可以采取差别电价、差别排污收费、限制生产经营或者停止生产经营等措施。其中,列入限制类产业目录的排污单位,应当按照环保部门和经济信息化部门的要求,实施清洁化改造。""乡、镇或者产业园区有下列情形之一的,环保部门可以暂停审批该区域内产生重点污染物的建设项目的环境影响评价文件:(一)重点污染物排放量超过总量控制指标的;(二)未按时完成淘汰高污染行业、工艺和设备任务的⋯⋯"但是,我们认为,相关的法律责任仍旧较轻,例如,其第 62 条规定,"排污单位没有采取停产措施的,由市或者区、县环保部门责令停产,处十万元以上一百万元以下的罚款;情节严重的,报经有批准权的人民政府批准,责令停业、关闭。"最高一百万元的罚款对一个企业来说,并不足以引起重视。

我们建议,上海市相关部门研究如何解决企业(包括外资)投资中的"高能耗,高污染"问题。一方面,加大对"高能耗,高污染"企业的处罚力度,采用按照投资总额一定比例的方法实施罚款;另一方面,配合使用技术、经济的手段,如积极引入先进的环保技术,在税收、设立程序等方面给予优惠,实施政策倾斜,同时亦要利用外资加快产业结构调整,提高能源资源利用效率;大力发展"低能耗,低污染,高产值"的生产性服务业、高技术产业,提高资源配置效率。未来对外商投资的环境监管应进一步科学化和规范化,政府需要承担更多的责任,采取更为有效的方式调节经济利益与环境利益的冲突。

(三)协调现阶段的三份负面清单

负面清单管理制度已经成为中国当前激发市场活力、改善政府与市场关系、推进改革进程的重要着力点。从这三种类型负面清单的产生及适用范围来看,随着自贸区负面清单管理模式的逐渐发展与成熟,负面清单管理模式逐渐由自贸区向全国其他地区扩散,由外商投资向全部市场主体发展。

负面清单管理模式将是我国进行市场准入管理制度的改革方向,

它将为解决现阶段我国市场准入管理制度中存在的准入门槛过高、竞争公平性不足、管理程序复杂、市场运行透明度低等核心问题开辟一条创新路径。

三份负面清单在实践中如何实施与把握，是各级政府部门及市场主体首先要明确的事项。我们认为，在各自贸区的制度试验与推广阶段，笔者认为需要协调各清单之间的关系，至少在实践中需明确以下几个问题：

1. 三份负面清单各司其职

市场准入负面清单不仅具有产业结构调整的功能，更是用来调整政府和市场关系的，旨在建立一个公平、公正、公开、透明、高效的市场准入制度，激发市场活力、促进市场公平竞争。因此，我们不能简单地将市场准入负面清单看成是《产业结构调整指导目录》的另一个版本。由于对市场准入负面清单功能定位的不了解，各省、各行业、各特殊区域在全国统一的负面清单上自行增加条目，这些增加的条目大都有调整产业结构的指向，尤其是行业的和区域的负面清单，将本行业或本区域落后的、不想发展的产业列入禁止类或限制类，来实现行业内和区域内的产业结构调整。过多的负面清单不但难以同时协调运行，而且也不符合建设统一开放、竞争有序的现代市场体系的要求，不利于充分发挥市场作用。[1]

自贸区负面清单仅在自贸区范围内适用，其肩负着制度的"先行先试"的任务，并将成熟的制度经验推广到全国，对中国未来在国际社会需要承担的国际义务进行压力测试和制度试验。外商投资准入负面清单是对《外商投资产业指导目录》中的外商投资准入负面清单的修订，仅对外商投资适用，具有产业结构调整的作用。对外资的准入管理是在对内资准入管理的基础上，加上其他必要的特殊限制措施——外资负面清单，二者合并就构成了外资准入要遵守的所有管理措施。这并

---

[1]　参见郭冠男：《重视市场准入负面清单制度的认识和实践问题》，《经济日报》2018 年 2 月 22 日。

不是我国特有的,世界上没有任何一个国家在内外资准入方面完全一致,背后的逻辑就是东道国对本国经济主权的保护。

2. 自贸区负面清单给予外企外资的市场自由度更大

自贸区毕竟是"试验区",负面清单不仅比全国版的要短,而且外企外资在"试验区"的开放程度更大(参见表5-2)。因此,自贸区内的外资准入适用自贸区负面清单的规定,对外资准入后的管理适用自贸区的事中事后监管体制。

3. 自贸区外的外资准入需适用两份负面清单

一个是外商投资准入负面清单,一个是市场准入负面清单,这两个必须配合,才能实现对外商投资全生命周期的管理和服务,这是一个大的系统性工程。我们认为,外资准入首先要符合外资准入负面清单的要求,准入后还需符合市场准入负面清单的要求。

4. 充分做好各类负面清单的衔接与信息共享

为了进一步深化投资体制改革和行政审批制度改革,加大简政放权力度,在市场准入方面,国务院还发布了《政府核准的投资项目目录》,并适时更新。与负面清单所不同的是,《政府核准的投资项目目录》对核准的项目仅作原则性的规定,其性质是一种政府指导性工作文件,例如,《政府核准的投资项目目录(2016)》第一条规定:"企业投资建设本目录内的固定资产投资项目,须按照规定报送有关项目核准机关核准。企业投资建设本目录外的项目,实行备案管理。原油、天然气(含煤层气)开发项目由具有开采权的企业自行决定,并报国务院行业管理部门备案。具有开采权的相关企业应依据相关法律法规,坚持统筹规划,合理开发利用资源,避免资源无序开采。"

实践中,非自贸区各政府部门需做好外商投资准入负面清单、市场准入负面清单与政府核准的投资项目目录的规则衔接工作。在深刻领会这些清单与文件的基础上,可以组织力量对各负面清单及文件进行全面解读,条件成熟时对这些解读进行整理,形成完整的市场准入清单管理体系,避免政策碎片化导致文本搜索、解读时间成本高。

表5-1　2019年版自由贸易试验区外商投资负面清单与全国版负面清单比较

序号	领域	自贸区特别管理措施	全国版特别管理措施（含比较分析）
一、农、林、牧、渔业			
（一）	种业	1. 小麦、玉米新品种选育和种子生产的中方股比不低于34％。 2. 禁止投资中国稀有和特有的珍贵优良品种的研发、养殖、种植以及相关繁殖材料的生产（包括种植业、畜牧业、水产业的优良基因）。 3. 禁止投资农作物、种畜禽、水产苗种转基因品种选育及其转基因种子（苗）生产。	1. 小麦、玉米新品种选育和种子生产须由中方控股。（比较分析：自贸区中方不得低于34％） 2. 禁止投资中国稀有和特有的珍贵优良品种的研发、养殖、种植以及相关繁殖材料的生产（包括种植业、畜牧业、水产业的优良基因）。（比较分析：无差异） 3. 禁止投资农作物、种畜禽、水产苗种转基因品种选育及其转基因种子（苗）生产。（比较分析：无差异）
（二）	渔业	自贸区无此项特别管理措施。	4. 禁止投资中国管辖海域及内陆水域水产品捕捞。（比较分析：自贸区无此项特别管理措施）
二、采矿业			
（三）	有色金属矿和非金属矿采选及开采辅助活动	4. 禁止投资稀土、放射性矿产、钨勘查、开采及选矿。（未经允许，禁止进入稀土矿区或取得矿山地质资料、矿石样品及生产工艺技术）	5. 禁止投资稀土、放射性矿产、钨勘查、开采及选矿。（比较分析：自贸试验区特别管理措施进一步明确和细化，细化措施部分已经标示）
三、制造业			
（四）	核燃料及核辐射加工业	自贸区无此项特别管理措施。	6. 禁止投资放射性矿产冶炼、加工、核燃料生产。（比较分析：自贸区清单无此项措施）
（五）	中药饮片加工及中成药生产	5. 禁止投资中药饮片的蒸、炒、炙、煅等炮制技术的应用及中成药保密处方产品的生产。	7. 禁止投资中药饮片的蒸、炒、炙、煅等炮制技术的应用及中成药保密处方产品的生产。（比较分析：无差异）

序号	领域	自贸区特别管理措施	全国版特别管理措施（含比较分析）
（六）	汽车制造业	6. 除专用车、新能源汽车外，汽车整车制造的中方股比不低于50%，同一家外商可在国内建立两家及两家以下生产同类整车产品的合资企业。（2020年取消商用车制造外资股比限制。2022年取消乘用车制造外资股比限制以及同一家外商可在国内建立两家及两家以下生产同类整车产品的合资企业的限制）	8. 除专用车、新能源汽车外，汽车整车制造的中方股比不低于50%，同一家外商可在国内建立两家及两家以下生产同类整车产品的合资企业。（2020年取消商用车制造外资股比限制。2022年取消乘用车制造外资股比限制以及同一家外商可在国内建立两家及两家以下生产同类整车产品的合资企业的限制）（比较分析：无差异）
（七）	通信设备制造	7. 卫星电视广播地面接收设施及关键件生产。	9. 卫星电视广播地面接收设施及关键件生产。（比较分析：无差异）
四、电力、热力、燃气及水生产和供应业			
（八）	核力发电	8. 核电站的建设、经营须由中方控股。	10. 核电站的建设、经营须由中方控股。（比较分析：无差异）
（九）	管网设施	9. 城市人口50万以上的城市供排水管网的建设、经营须由中方控股。	11. 城市人口50万以上的城市供排水管网的建设、经营须由中方控股。（比较分析：无差异）
五、批发和零售业			
（十）	烟草制品	10. 禁止投资烟叶、卷烟、复烤烟叶及其他烟草制品的批发、零售。	12. 禁止投资烟叶、卷烟、复烤烟叶及其他烟草制品的批发、零售。（比较分析：无差异）
六、交通运输、仓储和邮政业			
（十一）	水上运输业	11. 国内水上运输公司须由中方控股。（且不得经营或租用中国籍船舶或者舱位等方式变相经营国内水路运输业务及其辅助业务；水路运输经营者不得使用外国籍船舶经营国	13. 国内水上运输公司须由中方控股。（比较分析：自贸试验区特别管理措施有所增加，增加措施部分已经标示）

序号	领域	自贸区特别管理措施	全国版特别管理措施（含比较分析）
		内水路运输业务,但经中国政府批准,在国内没有能够满足所申请运输要求的中国籍船舶,并且船舶停靠的港口或者水域为对外开放的港口或者水域的情况下,水路运输经营者可以在中国政府规定的期限或者航次内,临时使用外国籍船舶经营中国港口之间的海上运输和拖航)	
(十二)	航空客货运输	12. 公共航空运输公司须由中方控股,且一家外商及其关联企业投资比例不得超过 25%,法定代表人须由中国籍公民担任。(只有中国公共航空运输企业才能经营国内航空服务,并作为中国指定承运人提供定期和不定期国际航空服务)	14. 公共航空运输公司须由中方控股,且一家外商及其关联企业投资比例不得超过 25%,法定代表人须由中国籍公民担任。(比较分析:自贸试验区特别管理措施进一步明确和细化,细化措施部分已经标示)
(十三)	通用航空服务	13. 通用航空公司的法定代表人须由中国籍公民担任,其中农、林、渔业通用航空公司限于合资,其他通用航空公司限于中方控股。	15. 通用航空公司的法定代表人须由中国籍公民担任,其中农、林、渔业通用航空公司限于合资,其他通用航空公司限于中方控股。(比较分析:无差异)
(十四)	机场和空中交通管理	14. 民用机场的建设、经营须由中方相对控股。 15. 禁止投资空中交通管制。	16. 民用机场的建设、经营须由中方相对控股。(比较分析:无差异) 17. 禁止投资空中交通管制。(比较分析:无差异)

续　表

序号	领域	自贸区特别管理措施	全国版特别管理措施（含比较分析）
（十五）	邮政业	16. 禁止投资邮政公司（和经营邮政服务）、信件的国内快递业务。	18. 禁止投资邮政公司、信件的国内快递业务。（比较分析：自贸试验区负面清单增加"经营邮政服务"）
七、信息传输、软件和信息技术服务业			
（十六）	电信	17. 电信公司：限于中国入世承诺开放的电信业务，增值电信业务的外资股比不超过50%（电子商务、国内多方通信、存储转发类、呼叫中心除外），基础电信业务须由中方控股（且经营者须为依法设立的专门从事基础电信业务的公司）。上海自贸试验区原有区域〔28.78平方公里〕试点政策推广至所有自贸试验区执行。	19. 电信公司：限于中国入世承诺开放的电信业务，增值电信业务的外资股比不超过50%（电子商务、国内多方通信、存储转发类、呼叫中心除外），基础电信业务须由中方控股。（比较分析：自贸试验区负面清单进一步细化，不同之处见前述标示）
（十七）	互联网和相关服务	18. 禁止投资互联网新闻信息服务、网络出版服务、网络视听节目服务、互联网文化经营（音乐除外）、互联网公众发布信息服务（上述服务中，中国入世承诺中已开放的内容除外）。	20. 禁止投资互联网新闻信息服务、网络出版服务、网络视听节目服务、互联网文化经营（音乐除外）、互联网公众发布信息服务（上述服务中，中国入世承诺中已开放的内容除外）。（比较分析：无差异）
八、金融业			
（十八）	资本市场服务	19. 证券公司的外资股比不超过51%，证券投资基金管理公司的外资股比不超过51%。（2021年取消外资股比限制）	21. 证券公司的外资股比不超过51%，证券投资基金管理公司的外资股比不超过51%。（2021年取消外资股比限制）（比较分析：无差异）

续　表

序号	领域	自贸区特别管理措施	全国版特别管理措施（含比较分析）
		20. 期货公司的外资股比不超过51％。（2021年取消外资股比限制）	22. 期货公司的外资股比不超过51％。（2021年取消外资股比限制）（比较分析：无差异）
（十九）	保险业	21. 寿险公司的外资股比不超过51％。（2021年取消外资股比限制）	23. 寿险公司的外资股比不超过51％。（2021年取消外资股比限制）（比较分析：无差异）
九、租赁和商务服务业			
（二十）	法律服务	22. 禁止投资中国法律事务（提供有关中国法律环境影响的信息除外），不得成为国内律师事务所合伙人。（外国律师事务所只能以代表机构的方式进入中国，且不得聘用中国执业律师，聘用的辅助人员不得为当事人提供法律服务；如在华设立代表机构、派驻代表，须经中国司法行政部门许可）	24. 禁止投资中国法律事务（提供有关中国法律环境影响的信息除外），不得成为国内律师事务所合伙人。（比较分析：自贸试验区负面清单进一步细化，不同之处见前述标示）
（二十一）	咨询与调查	23. 市场调查限于合资、合作，其中广播电视收听、收视调查须由中方控股。 24. 禁止投资社会调查。	25. 市场调查限于合资、合作，其中广播电视收听、收视调查须由中方控股。（比较分析：无差异） 26. 禁止投资社会调查。（比较分析：无差异）
十、科学研究和技术服务业			
（二十二）	研究和试验发展	25. 禁止投资人体干细胞、基因诊断与治疗技术开发和应用。 26. 禁止投资人文社会科学研究机构。	27. 禁止投资人体干细胞、基因诊断与治疗技术开发和应用。（比较分析：无差异） 28. 禁止投资人文社会科学研究机构。（比较分析：无差异）

序号	领域	自贸区特别管理措施	全国版特别管理措施（含比较分析）
（二十三）	专业技术服务业	27. 禁止投资大地测量、海洋测绘、测绘航空摄影、地面移动测量、行政区域界线测绘,地形图、世界政区地图、全国政区地图、省级及以下政区地图、全国性教学地图、地方性教学地图、真三维地图和导航电子地图编制,区域性的地质填图、矿产地质、地球物理、地球化学、水文地质、环境地质、地质灾害、遥感地质等调查。	29. 禁止投资大地测量、海洋测绘、测绘航空摄影、地面移动测量、行政区域界线测绘,地形图、世界政区地图、全国政区地图、省级及以下政区地图、全国性教学地图、地方性教学地图、真三维地图和导航电子地图编制,区域性的地质填图、矿产地质、地球物理、地球化学、水文地质、环境地质、地质灾害、遥感地质等调查。（比较分析：无差异）
十一、教育			
（二十四）	教育	28. 学前、普通高中和高等教育机构限于中外合作办学,须由中方主导（校长或者主要行政负责人应当具有中国国籍（且在中国境内定居）,理事会、董事会或者联合管理委员会的中方组成人员不得少于1/2）。（外国教育机构、其他组织或者个人不得单独设立以中国公民为主要招生对象的学校及其他教育机构（不包括非学制类职业技能培训）,但是外国教育机构可以同中国教育机构合作举办以中国公民为主要招生对象的教育机构） 29. 禁止投资义务教育机构、宗教教育机构。	30. 学前、普通高中和高等教育机构限于中外合作办学,须由中方主导（校长或者主要行政负责人应当具有中国国籍,理事会、董事会或者联合管理委员会的中方组成人员不得少于1/2）。（比较分析：自贸试验区负面清单进一步细化,不同之处见前述标示） 31. 禁止投资义务教育机构、宗教教育机构。（比较分析：无差异）

序号	领域	自贸区特别管理措施	全国版特别管理措施（含比较分析）
十二、卫生和社会工作			
（二十五）	卫生	30. 医疗机构限于合资、合作。	32. 医疗机构限于合资、合作。（比较分析：无差异）
十三、文化、体育和娱乐业			
（二十六）	新闻出版	31. 禁止投资新闻机构（包括但不限于通讯社）。（外国新闻机构在中国境内设立常驻新闻机构、向中国派遣常驻记者，须经中国政府批准。外国通讯社在中国境内提供新闻的服务业务须由中国政府审批。中外新闻机构业务合作，须中方主导，且须经中国政府批准） 32. 禁止投资图书、报纸、期刊、音像制品和电子出版物的编辑、出版、制作业务。（但经中国政府批准，在确保合作中方的经营主导权和内容终审权并遵守中国政府批复的其他条件下，中外出版单位可进行新闻出版中外合作出版项目。未经中国政府批准，禁止在中国境内提供金融信息服务）	33. 禁止投资新闻机构（包括但不限于通讯社）。（比较分析：自贸试验区负面清单进一步细化，不同之处见前述标示） 34. 禁止投资图书、报纸、期刊、音像制品和电子出版物的编辑、出版、制作业务。（比较分析：自贸试验区负面清单进一步细化，不同之处见前述标示）
（二十七）	广播电视播出、传输、制作、经营	33. 禁止投资各级广播电台(站)、电视台(站)、广播电视频道(率)、广播电视传输覆盖网(发射台、转播台、广播电视卫星、卫星上行站、卫星收转站、微波站、	35. 禁止投资各级广播电台(站)、电视台(站)、广播电视频道(率)、广播电视传输覆盖网(发射台、转播台、广播电视卫星、卫星上行站、卫星收转站、微波站、监测台及有线广播电视传输覆盖网等)，禁止从事

序号	领域	自贸区特别管理措施	全国版特别管理措施（含比较分析）
		监测台及有线广播电视传输覆盖网等），禁止从事广播电视视频点播业务和卫星电视广播地面接收设施安装服务。（对境外卫星频道落地实行审批制度） 34. 禁止投资广播电视节目制作经营（含引进业务）公司。（引进境外影视剧和以卫星传送方式引进其他境外电视节目由广电总局指定的单位申报。对中外合作制作电视剧（含电视动画片）实行许可制度）	广播电视视频点播业务和卫星电视广播地面接收设施安装服务。（比较分析：自贸试验区负面清单进一步细化，不同之处见前述标示） 36. 禁止投资广播电视节目制作经营（含引进业务）公司。（比较分析：自贸试验区负面清单进一步细化，不同之处见前述标示）
（二十八）	电影制作、发行、放映	35. 禁止投资电影制作公司、发行公司、院线公司以及电影引进业务。（但经批准，允许中外企业合作摄制电影）	37. 禁止投资电影制作公司、发行公司、院线公司以及电影引进业务。（比较分析：自贸试验区负面清单进一步细化，不同之处见前述标示）
（二十九）	文物保护	36. 禁止投资文物拍卖的拍卖公司、文物商店和国有文物博物馆。（禁止不可移动文物及国家禁止出境的文物转让、抵押、出租给外国人。禁止设立与经营非物质文化遗产调查机构；境外组织或个人在中国境内进行非物质文化遗产调查和考古调查、勘探、发掘，应采取与中国合作的形式并经专门审批许可）	38. 禁止投资文物拍卖的拍卖公司、文物商店和国有文物博物馆。（比较分析：自贸试验区负面清单进一步细化，不同之处见前述标示）

续　表

序号	领域	自贸区特别管理措施	全国版特别管理措施 （含比较分析）
（三十）	文化娱乐	37. 文艺表演团体须由中方控股。	39. 禁止投资文艺表演团体。（比较分析：自贸试验区负面清单可以投资，但要求中方控股）

（注：为了便于比较，笔者仍保留了特别管理措施所属的行业小类）

（四）进一步优化自贸区负面清单

自第一个自贸区成立以来，自贸区负面清单已经经过了数轮修订与更新。清单内不符措施的数量大幅度减少，适用范围也由最初的 1 个自贸区扩大到目前的 21 个自贸区。2019 年版的《自由贸易试验区外商投资准入特别管理措施》于 2019 年 6 月由国家发展改革委、商务部发布。此次修订后，自由贸易试验区负面清单减至 37 条措施，从数量来看已经非常精简。进一步缩减特别管理措施的空间已经非常有限，如何进一步优化自贸区负面清单，使之发挥更好的先行先试的示范功能，将是我们需要重新思考的一个问题。

虽然经过数轮修改与完善，2019 年负面清单仍然保留着 2013 年负面清单的一些不足之处。与国际上较为成熟的负面清单中不符措施的内容与形式相比较，这些不足与问题主要包括：

第一，负面清单的设计简单，没有充分体现国家产业的未来发展方向。

根据国际经验，负面清单包括现有不符措施和未来不符措施的两大类，同时，根据是否采取"停止"或"回转"制度，现有不符措施的管理又可以分为"指定部门和事项清单"和"现有措施清单"两类。各国在分析本国的经济发展水平、产业自由化政策以及企业的国际竞争力状况的基础上，分类制作负面清单。一般来说，对于实行逐步自由化的产业或企业国际竞争力较强的部门，各国一般会采取"回转"机制，将之纳入"现有措施清单"；对于幼稚产业或关系国计民生的特定产业，各国一般会将之纳入"指定部门和事项清单";为了维护国家经济主权,各国通过制定"未来不符措施"清单,将任何新产业或部门的未来监管权利予以保留。例如,美国在对外签订负面清单时一般包含三个附件,相当于每个缔约国有三份不符措施列表:附件 1 是第一类负面清单,列明的是一国不符合国民待遇等特定条约义务的现有措施;附件 2 是第二类负面清单,通常只列明设限行业和法律依据,大多以"保留采取或维持任何措施的权利"来表述,最大程度地扩展了缔约国不符措施的范围;附件 3 是将金融服务的不符措施单独列出。在金融服务负面清单中,根据约束力的不同,也区分了两种类型的不符措施。由于美国金融服务国际竞争力较强,近年来美国签署的 BIT 和 FTA 中都对金融服务单独规定,追求高标准的金融自由化。

相比之下,我国负面清单的内容过于简单,清单种类的设置也显得过于单调:既没有表现出对未来不符措施的管理,也没有根据国家产业政策的需要,对现有不符措施选择适用"停止"或"回转"机制。由于清单种类单一,仅表现为对现有不符措施的管理,接近于美式负面清单附件 1。

第二,不符措施的表述不规范。

根据国际经验,一项不符措施的内容包括 7 项规则要点:部门或事项、国内或国际产业分类编码、保留类型、政府级别、法律依据、措施的简要描述及逐步自由化的承诺。只有表述规范、严谨的不符措施才能准确地界定东道国和外国投资者的权利和义务,才能满足对东道国负面清单管理的透明度要求。

细读我国负面清单,我们不难发现,特别管理措施的表述存在不规范的问题,这些措施的内容只包括序号、领域及对特别管理措施的简单描述,缺乏对保留类型、政府级别、法律依据以及是否承担逐步自由化的承诺等规则要点的说明。例如,美式负面清单的政府级别在不同措施上区分联邦政府(Federal Level)、州政府(State Level)及地方政府三个级别,而我国负面清单对此没有规定。再如,美式负面清单中的法律依据是指采用不符措施所依据的法律、法规或其他措施,既包括已经制定或修订的法律法规,也包括根据这些法律法规制定的细则等,相比之下,我国负面清单没有列明管理措施的法律法规依据,加上负面清单更新速度过于频繁,其稳定性和权威性有所下降。

第三,部分特别管理措施表述不严谨。

部分特别管理措施的描述还存在不严谨的问题,缺乏实际可操作性。例如,"城市人口50万以上的城市供排水管网的建设、经营须由中方控股"等。这些规定从表述方式上看并不是指导外商投资的特别管理措施。2019年负面清单中多次出现的"中方控股"没有具体说明。

第四,自贸区负面清单的个别特别管理措施的内容比全国版外商准入负面清单的限制内容还多(见表5-2)。

例如,自贸区负面清单规定,"禁止投资邮政公司(和经营邮政服务)、信件的国内快递业务。"但是,全国版外商准入负面清单并无关于"经营邮政服务"的禁止性规定。再如,自贸区负面清单规定,"国内水上运输公司须由中方控股。(且不得经营或租用中国籍船舶或者舱位等方式变相经营国内水路运输业务及其辅助业务;水路运输经营者不得使用外国籍船舶经营国内水路运输业务,但经中国政府批准,在国内没有能够满足所申请运输要求的中国籍船舶,并且船舶停靠的港口或者水域为对外开放的港口或者水域的情况下,水路运输经营者可以在中国政府规定的期限或者航次内,临时使用外国籍船舶经营中国港口之间的海上运输和拖航。)"但是,全国版外商准入负面清单只规定了"国内水上运输公司须由中方控股",并没有其他经营或租用等禁止性规定。

自贸区是制度的"试验田",承担制度先行先试的功能,如果负面清单的内容比全国版外商投资负面清单的内容还要多,那么"试验田"的作用就会大打折扣。因此,笔者建议,自贸区负面清单的修改与更新需要对比全国版的外商准入负面清单,甚至是全国的市场准入负面清单,体现自贸区负面清单的先进性与开放性。经过数轮的修改与缩减,自贸区负面清单的特别管理措施已经很少,再缩减的空间十分有限;其次,与其他国家在国际条约或国际协定中签署的负面清单相比,缩减负面清单并非是真正意义上的优化负面清单。

鉴于上述自贸区负面清单仍然存在的不足与问题,我们认为,负面清单的优化绝非是单纯地对负面清单特别管理措施的数量进行缩减。除了对照全国版的外商准入负面清单进行修改外,还可以从如下几个方面认真考虑如何进一步优化而非一味地减少负面清单中的特别管理措施:

首先,我们需要明确的是,不能为了缩减负面清单而不顾国家的经济主权与产业升级与发展,负面清单的制定必须要符合国家产业自由化政策(见表6-1)。第一类自由化产业实行完全的准入阶段国民待遇,外资准入享受国民待遇,对第一类自由化产业在负面清单内不作任何规定。从种类上看,负面清单可划分为两个大类,即现有不符措施清单和未来不符措施清单。根据产业逐步自由化政策,现有不符措施清单又可细分为3个小类,其中,非自由化产业列入指定部门和事项清单,对于该清单内的产业或部门,没有必须"停止"或"回转"方面的要求;第三类自由化产业列入现有措施清单Ⅰ,对于该清单内的产业或部门,附有"停止"方面的限制;第二类自由化产业列入现有措施清单Ⅱ,对于该清单内的产业或部门,附有"回转"限制。(见表5-3)

表5-3　产业分类与负面清单

产业分类		现有不符措施负面清单	未来不符措施负面清单
非自由化产业	指定部门和事项清单	维持现状,还可以采用新的不符措施	对某些领域的未来监管提供更大的灵活性,允许引入新的不符措施
第三类自由化产业	现有措施清单Ⅰ	维持现状,但不允许采用新的措施或限制性更强的措施	
第二类自由化产业	现有措施清单Ⅱ	逐步减少并最终消除不符措施	

鉴于负面清单的复杂性,尤其是现有不符措施的内容需要不断更新调整,笔者建议,作为职能部门,商务部门应专注于外资准入行业政策的研究、制定与更新。不符措施的变更、修改或补充,应在对我国国

民经济行业发展数据进行完整统计的前提下,由商务部牵头并充分听取发改委、行业主管部门、国家安全部门及其他有关部门意见、建议,在着重产业安全并兼顾其他政策考量,如在保证国家安全、社会公共利益、国防需要、保护环境、技术准入门槛等因素的基础上,加以进行。

负面清单的行业选择上重点考虑资源性产业和服务产业等。根据各国实践,大多将矿产、能源产业等资源性产业纳入负面清单,我国对重要的能源产业,特别是关系到国家安全的能源产业应当给予特别保护。目前各国对制造业的保护已经很少,我国对于制造业的特别管理措施也还有进一步减少的空间。根据各国实践,对服务业的保护主要集中于金融、运输、通信、专业服务、文化娱乐等领域,我国在与外商签订双边投资协定时也可引以为鉴。

第二,特别管理措施的表述、负面清单的格式、体例还有待完善。目前自贸区的负面清单主要包括两项内容:行业大类、不符措施的内容,例如:行业大类"农、林、牧、渔业",特别管理措施"禁止投资稀土、放射性矿产、钨勘查、开采及选矿。"我们建议在条件成熟时,总结国内各省份、各行业、各特殊区域负面清单的基础上,汇总出台一份包含不符措施的政府级别、国内法律法规的依据、是否承担逐步自由化的承诺、未来可能采取的新的限制措施等核心内容的负面清单。此外,我们在修订负面清单时,应加强对不符措施的表述形式上的规范,除了增加上述的一些内容之外,有关"保留类型"的内容,除国民待遇限制外,还可增加对最惠国待遇以及对高管国籍要求、禁止业绩要求等保留。

(五)进一步完善金融领域的负面清单

金融领域的负面清单要结合金融开放进程,突破外商直接投资的跨境资金流动障碍。投资往往伴随大量资金流动,吸引高质量外资对当前的外汇管理制度、资本项目可自由流动、人民币国际化水平提出了更高要求。对外资而言,在华经营的利润转移便利性是吸引其投资的重要因素。扩大金融业对外开放除了放宽股比限制、业务范围、高管要求外,也需针对外资迫切需求,进一步完善我国金融服务基础设施和资本流动穿透式监管模式,探索长臂管理的本外币跨境流动实时动态监测监控机制,试点限额内资本项下自由流动,加快跨国公司跨境双向人民币资金池、集中收付等跨境人民币业务复制推广工作。

2019 年自贸区负面清单中的金融业特别管理措施只有三项,即"证券公司的外资股比不超过 51%,证券投资基金管理公司的外资股比不超过 51%(2021 年取消外资股比限制)、期货公司的外资股比不超过 51%(2021 年取消外资股比限制)、寿险公司的外资股比不超过 51%(2021 年取消外资股比限制)",全国版的外资准入负面清单的规定与之相同。但是,《中国(上海)自由贸易试验区跨境服务贸易特别管理措施(负面清单)(2018 年)》中所涉的金融业特别管理措施有 31 项,包括"货币金融服务"2 项、"资本市场服务"20 项、"保险业"2 项、"其他金融业"7 项。探索跨境服务贸易负面清单管理制度将是未来负面清单的重点工作之一。[①]

笔者认为,随着 2021 年的到来,自贸区负面清单中的金融业特别管理措施就全部取消了,全国版外商准入负面清单中的金融业特别管理措施或也将随之而取消。这就意味着我国对外资准入金融业的特别管理措施在"股比"限制方面将大大放宽,但从在上海自贸区实施的《中国(上海)自由贸易试验区跨境服务贸易特别管理措施(负面清单)(2018 年)》来看,如果该负面清单在上海自贸区试验成功并推广到全国自贸区乃至全国范围,对外资准入金融业的特别管理措施将从"商业存在"向"跨境支付"方面转移。例如,《中国(上海)自由贸易试验区跨境服务贸易特别管理措施(负面清单)(2018 年)》关于"资本市场服务"特别管理措施的内容包括"除以下情形,在中国境内经营证券业务,须为中国证券公司:(1)经批准取得境外上市外资股(B 股)业务资格的境外证券经营机构可通过与境内证券经营机构签订代理协议,或者证券交易所规定的其他方式从事境内上市外资股经纪业务;(2)经批准取

---

① 《商务部:探索跨境服务贸易负面清单管理制度》,http://baijiahao.baidu.com,2019 年 12 月 9 日。

得境内上市外资股业务资格的境外证券经营机构担任境内上市外资股主承销商、副主承销商和国际事务协调人；(3)境外证券服务机构代理合格境内机构投资者买卖境外证券……"根据这项特别管理措施的表述，我们可以判断，对于中国证券公司的"外资股比"已经不再限制，此外，对于在中国境内没有以"商业存在"形式存在的境外证券经营机构等外资机构，则以正面清单的形式规定其"跨境支付"的具体内容。

金融领域负面清单条款的设计需要优化，应具有长期性和前瞻性，而非仅是数量上的缩减。与西方发达国家相比，中国金融系统的发展仍然较不成熟，存在较多未知的风险和可能的变数，因此在金融负面清单的设计上更应该具有长期性和前瞻性，为本国产业未来的发展留有余地。建议在金融负面清单的设计中遵循国际通用的两部分方法，将政府公司、关键产业、敏感产业纳入保留内容中，保留未来对其采取不符措施的权利，减少外资企业进入对金融系统的冲击性。此外，应多使用一些宽泛性的措辞或表达方式，力争将更多的不符措施涵盖其中，如在对政府公司、关键产业赋予特殊优惠政策时经常使用的"有权采取任何措施"、"有权采取，但不局限于以下措施"，以及"对以下公司以及未来成立的与其提供相似服务的公司给予优惠"等措辞，增加关于数据信息传递、金融审慎以及争端解决等相关例外规定。[①] 具体而言，我们可以从以下几个方面进一步完善：

1. 动态优化，预留未来改革权限

对于一些特殊领域，比如涉及国家安全或公共服务的行业，可以单独设置未来可保留实施的条款。对于这些行业将来可能面临的威胁和竞争状态有一定的预判，保留一定的可操控空间，实现金融负面清单的动态优化。例如，对部分未来可能产生变化的敏感业务，为了最大程度上保留自主裁量权，可以在禁止开放的基础上，添加豁免裁量权，增加"相关部门可能会对以下情况作出特许经营许可"等要求。

---

① 参见龙飞扬、殷凤：《从"先行先试"到"他山之石"：中国金融负面清单的发展逻辑和国际对标差异》，《上海对外经贸大学学报》2019 年第 6 期。

2. 制定互惠条款和特殊政策

中国金融负面清单没有提及互惠条款以及对于特殊领域或行业的保护措施。带互惠条件的业务开放也应被重点纳入到金融负面清单的考量中。自贸区的金融负面清单与一般意义上的以经贸谈判为基础确立的贸易协议负面清单在实践上存在差异。后者多通过谈判确立较为对等的开放条件，而前者是同时向所有的外国直接投资者主动承诺开放。在今后的国际条约或国际协定的谈判中，中国应以平等为前提，深入研究对方优劣势的行业和部门，并结合本国的具体情况，寻找可以互补或交换的环节制定相应的互惠条款。在这样的条件下，有必要考虑通过引入带互惠条件的业务开放对来自于不同区域和国家的投资者进行区别对待，以确保东道国的金融安全和最大权益。另外，每个国家都处于不同的经济发展阶段和开放程度，难免有一些想要保护或扶持的产业部门，因此需要在这些领域采取相应的保护措施并作出特殊的条款规定，比如可以在金融基础设施建设或小微企业发展等方面进行补贴、资助、担保或税收减免等差别待遇。自贸区金融领域负面清单的完善可以从完善互惠条款和特殊政策方面为今后的国际条约或国际协定的谈判提供借鉴。

3. 限制形式灵活多样化，构建更为完整的风险防御体系

对于有条件开放的产业通过准入限制对外商直接投资者实现有差异的开放是对本国的金融产业进行保护的又一重要手段。这种隐形手段既可以避免负面清单过长，又有利于构建较为完整的风险防御体系。我们可以参照其他国际协定加入新的限制方式，并且在市场准入方面逐渐减少传统指标性的资质审核。比如，对于机构设立形式和数量、机构分布格局（参照马来西亚）等方面提出更加具体的要求；在业务限制方面，可以增加在业务形式、人员调配（参照韩国）等方面的条款；另外，负面清单文本还应附上透明度、新金融服务、跨境数据传输和争端解决机制等方面的条款，以此提高负面清单的规范性和完备性。此外，还可以通过资质要求对外国直接投资者设立准入门槛，对其母公司的资质背景、分公司或分支机构在中国的存在形式、资产投入、经营年限、技术

人员水平等作出规定。这有助于在保护我国尚不成熟的金融产业发展的同时,对在我国境内开展金融业务的企业作出甄选。

4. 保持政府在金融产业中参与度和影响力

鉴于金融产业对国家经济和产业安全的重要性,即使在对金融产业实现开放的前提下,也应牢牢把握政府在金融产业中的参与度与影响力。对于个别特殊的金融业务,可以考虑设置通过政府授权方式获得准入资质的相关条款,以确保政府在金融产业中的影响力。例如,业务限制中带豁免的业务限制和准入限制中由政府授权获得准入资质的相关规定。在马来西亚的金融负面清单中就规定在马来西亚境内开展特许经营、从事被马来西亚国家银行认可的相关业务、在商业银行中增持或超过最大限额的股份都需要获得马来西亚国家银行或者相关机构的认可,而作为获得这种认可的一个重要考量因素就是马来西亚在金融体系中的参与度,即马来西亚国有控股金融机构的参股情况。通过这样的手段来确保马来西亚在金融领域仍有显著的经济参与度和影响力。[1]

(六) 完善负面清单管理的"安全阀"机制

根据联合国贸发会议《2019 年世界投资报告》,近年来,对外国直接投资的筛查变得更加普遍。至少有 24 个国家实施了具体的外国投资筛查机制,这些国家合计占全球外国直接投资总量的 56%。出于安全和公共利益考虑而收紧对外国收购的控制也正出现在区域层面。[2] 因此,笔者认为,我国负面清单管理机制的完善应借鉴美国等发达国家关于外资国家安全审查制度,建立负面清单管理的"安全阀"机制。负面清单管理的"安全阀"机制包括外资国家安全审查与反垄断审查两大机制。这两个机制可以在外资准入阶段甚至在外资准入后对外资准入发挥审查监督的作用,对不符合法律规定的外资可以作出拒绝

---

① 杨嫚、赵晓雷:《TPP、KORUS 和 BIT 的金融负面清单比较研究及对中国(上海)自由贸易试验区的启示》,《国际经贸探索》2017 年第 4 期。

② 《World Investment Report 2019》,www. un. org,2019 年 12 月 21 日。

市场准入的决定,即使该市场是属于负面清单之外的市场。

1. 外资国家安全审查机制

在负面清单中,外资国家安全审查机制可以通过列举"公共道德例外""公共秩序例外""公共健康例外""国际收支平衡例外""金融安全例外"等例外情形来加以规定。更为重要的是,有关例外情形应当在国内各相关法律法规中加以细化和具体化,使之能够有法可依,在程序规范上具有可操作性,且法律法规之间要相互协调、互为补充,形成一个稳定、透明的管理体制和公平、可预见的外资国家安全审查制度环境。

外资国家安全审查制度由多部法律法规共同构成。《中华人民共和国国家安全法》(以下简称《国家安全法》)由第十二届全国人民代表大会常务委员会第十五次会议通过,并于 2015 年 7 月 1 日公布并施行。该法是维护国家安全的基础性法律,并对"国家安全"作出了总括式的界定:国家政权、主权、统一和领土完整、人民福祉、经济社会可持续发展和国家其他重大利益相对处于没有危险和不受内外威胁的状态,以及保障持续安全状态的能力。《国家安全法》第二章"维护国家安全的任务"对各项国家安全任务分别作出了规定,其中包括与外资准入与负面清单管理相关的国家安全任务。这些安全任务有第 19 条规定的"经济利益安全"、第 20 条规定的"金融安全"、第 21 条规定的"资源能源安全"、第 23 条规定的"文化安全"、第 24 条规定的"重大技术与工程安全"、第 25 条规定的"网络空间安全"等。《国家安全法》是统领国家安全维护的基础性法律,没有对相关的安全维护作出具体的法律规定,并以条文的形式要求"国家健全国家安全法律制度体系,推动国家安全法治建设"。

除了《国家安全法》这个基础性法律之外,我国还出台了一系列国家安全审查的规范性文件,它们共同对我国外资国家安全审查的主体、范围和程序等主要内容作出规定,可以说目前我国已经基本确立了外资国家安全审查制度。例如,《关于外国投资者并购境内企业的规定》和《反垄断法》对国家安全审查制度都有规定。《关于外国投资者并购境内企业的规定》所规范的国家安全审查是针对外资并购个案而启动的灵活应急机制,没有涉及新设投资;《反垄断法》所规范的反垄断审查也涉及国家安全审查事项,只要外资并购境内企业或者以其他方式参与经营者集中、涉及国家安全的行业,除进行经营者集中审查外,还应当进行国家安全审查。因此,这两部法规所调整的国家安全审查制度是互相区别但又存在联系的,二者在审查标准、审查机构、审查内容、审查程序上均存在明显差别,但在审查对象的同一性等方面,又存在一定联系。① 此外,《电信条例》和《互联网信息服务管理办法》以维护信息安全为目的,对利用电信网络或互联网络危害国家安全等行为也制定了相关的规制措施。

笔者认为,现行外资国家安全审查机制与负面清单引资模式缺乏有效衔接。由于我国的外资国家安全审查制度基本形成于十年前,那时我国还未进行负面清单管理模式的试点。近年来,虽然上海自贸区范围内已经开始试点负面清单引资模式,但《自贸区条例》所规定的外资国家安全审查制度与区外并无太大差异,并没有针对自贸区负面清单的实践情况而作出有针对性的修改与完善。负面清单分为限制类和禁止类清单,这两类清单以及清单外的外国投资如何与外资国家安全审查制度有效衔接,都需要相关的立法予以明确,并体现在负面清单或者外资国家安全审查制度的相关规定之中。

作为里程碑意义的立法,《外商投资法》对外资安全审查也作出了规定。《外商投资法》规定的外资安全审查制度,其法律层级和地位得到极大提升,为维护国家安全提供了坚实的法律基础。《外商投资法》关于外资安全审查制度有几点新的突破,为我国外资准入实现"准入前国民待遇加负面清单管理模式"提供了强有力的安全保障机制。第一,我国新的外资安全审查制度不仅涵盖并购投资,也涵盖绿地投资。《外商投资法》第35条将"外商投资"作为整体纳入到安全审查的范围之中,并不只限于对重点产业的并购。加之其第3条对外商投资采取了较为广泛的界定方式,包括直接投资和间接投资,形式包含新设、并购、

---

① 李科珍:《我国外资准入制度的现状、问题及其重构》,《北方法学》2011 年第 1 期。

新建项目以及兜底条款可能涵盖的其他方式,进一步扩充了安全审查的对象和领域,更加全面地防控影响国家安全的外资进入,有效减轻外资准入要求放宽后带来的不利影响。目前,在其他一些国家加强技术出口限制以及我国自有知识产权日益增多的情况下,我国安全审查制度中对外转让知识产权安全审查机制的建立与完善将成为重点。根据 2018 年国办发 19 号文转发的《知识产权对外转让有关工作办法(试行)》,外国投资者并购境内企业安全审查要涉及知识产权对外转让审查。也就是说,在外资并购中引起的知识产权权利人变更或实际控制人变更可能被界定为知识产权对外转让,从而需要接受审查。第二,明确了安全审查的不可诉性。国家对外资行为的安全审查从实质上来说是国家为了维护本国安全而作出的一种国家行为。美国《2007 年外国投资和国家安全法》将对外资的安全审查看作是风险缓冲措施,不可上诉。我国《外商投资法》第 35 条也明确规定:"依法作出的安全审查决定为最终决定"。这在法律层面上直接确定了安全审查决定的不可诉性,维护我国对外资进行安全审查的效力。[①]

随着我国逐步实施外资准入负面清单模式,外资的准入门槛降低,外资国家安全审查制度需要全面兼顾与负面清单引资模式的协同。相关部门在制定外资准入负面清单的时候就要考虑到与外资国家安全审查制度的衔接,对于重要并且必须要进行安全审查的行业领域,可以列入负面清单,在企业准入时就开展安全审查。然而,对于其他一般性行业,可以不列入负面清单,但我国政府必须保留因国家安全和公共利益进行审查的权力,并且在判断"国家安全及公共利益"时,我国政府应坚持保留自行判断的权力。

与此同时,为了保护外资准入的合法权益,外资安全审查也不能演变为一种投资保护主义的工具而阻碍投资的自由化与便利化。我们认为,外资安全审查可以适用 2011 年国务院办公厅颁布的《关于建立外

---

① 张光、廖紫祎:《高度开放背景下的外资安全审查制度》,《人民法治》2019 年第 4 期。

国投资者并购境内企业安全审查制度的通知》中规定的安全审查的决策程序,将对准备进入我国的外资进行分类:一般性审查与特别审查。在一般性审查中,外资安全审查机构简单多数表决即可作出是否通过的决定,这样既可以使那些不影响国家安全的外资尽快进入我国市场,也可降低特别审查阶段的工作量,提高工作效率。在特别审查阶段可采用一票否决制,因为进入这一程序的外资均是外资安全审查机构认为其可能存在影响我国安全的因素。

2020年1月1日《外商投资法》生效实施,在"准入前国民待遇加负面清单管理"模式下,外资准入门槛降低,外资准入领域增加。我国国家安全能否得到有效的保护,很大程度上将取决于外资安全审查制度能否有效运行。外资安全审查制度事关我国的根本安全,我国应当尽快制定专门的《外国投资安全审查法》,对有关外资安全审查机制的结构、运行模式、决策方式、监督机制等作出明确具体的规定。在立法层面上为该机制发挥实际的作用提供制度安排和保障,抵御外资风险。[①]

总之,外资准入负面清单在制定时、实施中和实施后都要与外资国家安全审查制度衔接,确保负面清单对外资降低门槛后,国家的安全能够得到全面保障。

2. 强化外资反垄断审查制度

负面清单引资模式下,如果对外资企业尤其是部分在全球市场具有主导作用的跨国企业不加限制导致其资本大量进入,将会对我国的国内市场造成巨大影响,甚至形成垄断的局面。作为发展中国家,我国在利用外资的同时还要进一步完善外资反垄断审查制度。我国早在2007年就通过了《反垄断法》,并初步建立了我国的反垄断制度,适用范围为我国的所有企业,包括外资企业。

上海自贸区按照《反垄断法》的要求,结合自贸区外资企业的具体情况,在自贸区建立了外资企业反垄断审查制度。《自贸区条例》第三

① 张光、廖紫祎:《高度开放背景下的外资安全审查制度》,《人民法治》2019年第4期。

十八条规定：自贸试验区建立反垄断工作机制。此外，上海地方政府为配合自贸区内反垄断工作的顺利开展，颁布了一系列配套文件，将《反垄断法》主要内容与自贸区的特征有机结合，并对反垄断审查主体的产生和工作程序，对各种垄断行为的调查程序、调查期限等内容作出了具体规定，其中作为审查主体的联席会议由商务委牵头，发改委、自贸区管委会和其他相关部门组成。

虽然反垄断审查制度在我国已有多年的实践经验，但在负面清单引资模式下如何做好反垄断工作仍然是一个严峻的课题。负面清单引资模式下限制类和禁止类项目数量较少，大量的外资可在负面清单之外而进入国内市场，因此需要进一步强化我国的反垄断审查制度。

（1）加强与负面清单引资模式的协同

反垄断审查可以成为负面清单限制措施的一种，同时在负面清单之外，那些可能因为外资进入门槛降低而容易造成垄断的领域，需要进一步降低反垄断审查的启动条件，通过反垄断审查来加强外资监管。

（2）提高反垄断审查主体的专业水平

反垄断审查有以下两个要素：一个是主体，主要是工商局和其他相关政府机构；另一个是程序，反垄断调查主要包括举报受理、申请授权、案件调查、处罚和案后监督等。可以看出，在整个反垄断审查制度的运行过程中，工商局和相关政府机构发挥了重要作用，但它们都是政府机构，其工作人员大都缺乏反垄断审查需要的专业知识，因此可以借鉴英国反垄断审查的做法。英国的反垄断审查每次都要成立一个专家小组，公平和贸易局出一个人，从社会上聘专家，有经济学家、会计师、律师等，有一定的任期，通过专家团队来进行审查。我国的反垄断审查主体在以政府为主导的基础上，要积极引入相关专业人员，以提高审查主体的专业化水平，进而提高外资事中事后监管的准确性与有效性。

第六章　健全完善负面清单管理
模式的制度环境

　　负面清单管理模式不仅仅是要求我们列出一系列的特别管理措施,更是需要我们建立一种"非禁即可"的管理理念以及与之相适应的管理机制。这种管理理念的建立和发扬需要负面清单管理模式的制度环境的建立与完善。

　　面对我国要素成本提升和外资"高端回流、低端分流"转移趋势,庞大的市场固然是重要的引资优势,但更需通过制度创新提升我国营商环境对外资的吸引力。这才是党的十九大报告提出"加快形成全面开放新格局",提升利用外资水平的内涵所在。[①] 因此,负面清单的管理机制重在事中事后监管机制的改革与完善。这个制度体系包括行政审批制度、商事登记制度、市场监管体制、社会诚信体系等等。我们将选取其中的若干制度加以论述。

一、完善市场主体制度与产权法律制度

　　对外资具有含金量的开放措施,是对涉及国家经济安全的战略性产业在准入阶段利用负面清单加以限制和禁止,准入后对外资企业在信贷额度、产业政策补贴、科研资助、技术转让、知识产权保护、市场运

---

① 朱煜:《深化外商投资准入负面清单的配套改革》,载于光明网-理论频道,2018 年 7 月 21 日。

行监管等方面需给予完全国民待遇,对国企、民企、外企"一视同仁"。因此,为了推进外资准入前国民待遇与负面清单管理制度在全国范围内的全面开展,完善市场主体制度、统一内外资制度,完善产权法律制度是首先要面对的问题。现阶段,我国不仅存在外资与内资的待遇标准不同的现象,而且内资之间待遇也各不相同,国有企业和民营企业、个体私营企业之间,在市场准入、经营权利、要素供给、融资方式、进出口权、税收政策、法律保护、司法救济等方面存在较大的差别。给予外资准入阶段国民待遇,其前提条件之一就是要完善市场主体制度,统一内外资政策。

完善市场主体和中介组织法律制度,使各类市场主体真正具有完全的行为能力和责任能力。建立以企业组织形式为标准的法律体系,只要企业所采用的组织形式相同,就应消除因所有制成分引起的在法律地位、社会身份、税收、市场准入等方面的差异和歧视性待遇规定。

完善产权法律制度、规范和理顺产权关系,加强对投资者的保护力度。产权是所有制的核心和主要内容,包括物权、债权、股权和知识产权等各类财产权。建立和完善"归属清晰、权责明确、保护严格、流转顺畅"的现代产权制度,特别是要规范私有财产权与国家行政权之间的关系,加强对私人投资者的保护。

二、制定并完善我国产业立法,确立产业逐步自由化制度

国家主权和经济安全原则是国际法的基本原则,也是我国外资立法的基本原则。合理利用外资,提高外资引进质量的高低,其关键是看能否提高经济效益,能否促进产业结构、产品结构和经济结构的优化升级。

对外签署的负面清单只有与国内产业立法相协调,才能符合国家经济发展整体战略。例如,从美国的 BIT、FTA、TPP 协定来看,其负面清单列出的限制措施有着自身的法律根据、法理基础,而不是任性所为,如 2004 年的 NAFTA 中关于"美国产业的保留措施的明细表"下设的"关于通信的子产业电信传输网络与服务以及无线通讯存在保留措施",有着众多的国内法律依据和法律基础,如将《通信法》《美国法

典《海底电缆着陆法》《通信卫星法》《电报法》《儿童电视法》等法律作为通信产业予以保留措施的法律依据。同样,加拿大对运输业的保护有《航空法案》《航空条例》《航空器标示与注册条例》等法律依据。[①]

目前,我国尚未建立产业经济法,产业政策的出台缺乏系统性、全局性与稳定性。我们建议,制定并完善产业立法,将一些具有战略性意义的产业政策上升为法律,并根据产业发展水平制定相应的产业自由化制度。这些产业立法应是我国对外谈判和签署负面清单的国内法律依据,实现国际法律义务与国内立法的衔接。

产业自由化制度的制定需要对国内产业进行复杂的评估,包括通过资源耗费指标、环境污染指标、工业效率指标等量化标准对国内产业进行全面评估。如果因为评估不当而使某一产业没有列入国民待遇不适用的例外清单中,则会导致该产业部门因为受到外国投资的损害性竞争而发展受挫。在这方面,可以借鉴日本在加入 OECD 承担《资本移动自由化法典》义务时的做法。在对各门各类产业进行梳理和评估的基础上,我们根据我国的实际情况和经济发展战略,可采取一种"渐进式"的自由化措施:将那些完全可以与外国投资者竞争的产业列为第一类自由化产业,予以开放;将虽具有一定的竞争力但与发达国家跨国公司的竞争力相比还存在一定差距的产业列为第二类自由化产业,实行一定程度的保护;将没有竞争力的产业列为第三类自由化产业,提供相应的保护,主要指需要保护的幼稚产业;将不对外开放的产业部门列为非自由化产业,主要包括战略性或敏感性的国防安全部门、支配国家经济命脉的重要工业部门以及需要重点保护的民族产业(见表 6-1)。

表 6-1　产业现状与产业自由化分类

产业分类	产业发展现状
第一类自由化产业	完全可以与外国投资者竞争的产业

[①] 宾雪花:《区域一体化过程中美国产业政策立法研究及对中国的启示》,《湖南财政经济学院学报》2018 年第 5 期。

产业分类	产业发展现状
第二类自由化产业	具有一定的竞争力但与发达国家跨国公司的竞争力相比还存在一定差距的产业
第三类自由化产业	没有竞争力的产业
非自由化产业	不对外开放的产业

三、进一步探索事中事后监管制度

对外资实行"准入前国民待遇加负面清单管理"制度是"牵一发动全身"的根本性变革，开放模式从准入阶段改变后，对后续环节的商事登记、投资审批、企业服务（包括税收、信贷、跨境金融服务、产业政策的国民待遇）等管理理念和监管行为提出新挑战，扩大对外资开放的同时，无形中倒逼政府管理模式的转型。因此，外资管理体制改革是一项系统性工程，放宽外资市场准入仅是开端，还需围绕负面清单深化准入后环节的配套改革，推动外资体制改革系统集成。

随着负面清单引资模式在我国的推广适用，我国要结合自贸区的实践经验，针对我国利用外资的实际情况，借鉴美国、日本等发达国家的监管经验，坚持放管结合，完善相关法律体系，建立健全外资备案制度、信息公示共享制度、信用分类制度、信息报告制度等，形成政府监管、企业自治、行业自律、社会监督的新格局，构建权责明确、透明高效的外资事中事后监管体制。

笔者建议，为逐步建立"以准入后监督为主，准入前负面清单方式许可管理为辅"的投资准入管理体制，我们应进一步在以下几个方面完善市场准入后的事中事后监管体制。

（一）转变监管理念

长期以来，我国的外资准入制度一直实行的是审批制，政府作为主要的监管主体，监管重心一直放在外资准入前的事前审批，包括其资质、经营、产品等,政府习惯于"审批式管理",往往忽略或放松了事中事后监管。随着外资准入审批制转化为备案制,建立起与负面清单的管理模式相适应的事前审批与事后监管的有效衔接机制,应加强政府监管部门在新的管理体制下的专业能力、管理能力,树立起监管的责任意识。

(二) 优化负面清单内限制类项目审批

自贸区实行企业备案管理制度,但对于负面清单内的项目设立,仍然实行目前的商务部、行业主管、工商多元审批的模式,以维护经济安全。笔者建议,为有效节约行政资源,负面清单内的限制类项目设立审批制度需要进一步的优化,如分步骤简化审批层级、合理限定审批内容、简化审批程序等。同时,进一步完善对市场主体的事中和事后监管制度。(见图6-1)

图6-1　市场准入制度优化

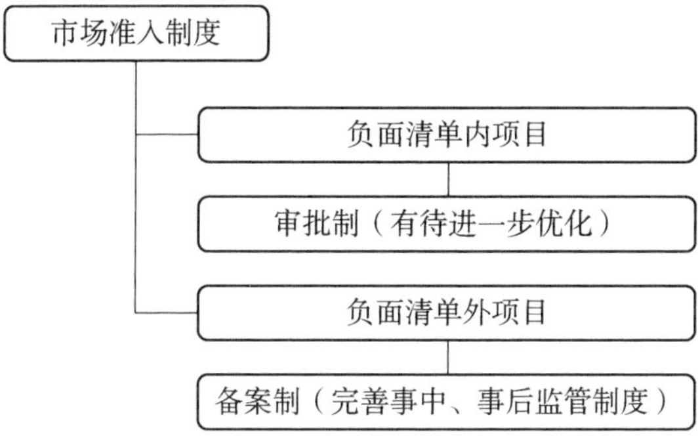

放权、简政、服务"三管齐下",攻克投资审批制度堡垒。目前,我国对企业投资项目实行核准制和备案制两种管理方式,对属于《政府核准的投资项目目录》内的项目实行核准制。这种注重事前审批的管理模式既创造了寻租空间,也滋生了大量投资审批中介服务环节多、效率低、收费乱和垄断性强等现象。因此,投资审批制度成为了投资领域改革的坚硬堡垒,也成为了外商感知国内营商环境的直接渠道。我们需按内外资同等待遇原则,进一步取消或下放企业投资审批事项,规范投资审批中介服务行为,精简投资项目前置审批流程,对保留的审批事项进一步提高核准流程标准化、信息化和可预期性。

(三) 健全外资企业备案管理制度

长期以来,我国对外资准入施行严格的行政审批管理制度,但随着我国逐步推行自贸区战略,外资企业备案管理的改革试点也拉开了序幕。2013 年全国人大常委会授权国务院在上海自贸区暂时调整外资三法规定的有关外资企业设立变更的行政审批,有效期三年。2016 年 7 月,国务院决定自贸区负面清单之外的领域,暂时停止实施外商投资项目核准、外资企业设立审批、外资企业分立合并或者其他原因导致资本发生重大变动审批,改为备案管理。2016 年 9 月全国人大常委会修改包括外资三法在内的 4 部法律,废止了实行多年的外商投资企业设立及变更审批制度,据此,自贸区外只要不涉及特别管理措施的外资设立和变更都适用备案管理。次月,国务院相关部门对特别管理措施的具体内容给出了明确规定。接着商务部颁布了《外商投资企业设立及变更备案管理暂行办法》(以下简称《暂行办法》),标志着外资备案管理制度在自贸区改革试点的基础上正式复制推广到全国。2018 年 6 月 30 日,商务部通过了《关于修改〈外商投资企业设立及变更备案管理暂行办法〉的决定》,进一步加强了透明度要求。

外资备案管理在全国实行,体现了外资投资管理与国际潮流接轨,促进了国内外要素的自由流动,有利于我国营商环境的法治化、国际化和便利化。但也应看到,在负面清单引资模式即将成为我国外资管理的法定模式的背景下,我国在短期内摒弃实行了多年的审批制,改为备案管理制度,存在着以下值得注意的地方:

1. 与工商等其他政府部门的备案管理未有效衔接

《暂行办法》规定,外商投资企业需要在营业执照签发前或者签发后 30 日内进行设立备案,在变更事项发生后 30 日内办理变更备案。

通过分析我们可以发现,无论是设立备案还是变更备案,都需要进行工商登记,而登记的名称、住址、法人、注册资本、经营范围和股东等信息,都与企业向商务部门的备案信息一致,同时,同样的信息还要向海关、检验检疫等部门进行备案,这种企业信息重复备案和登记的做法不仅给外资企业带来诸多麻烦,而且也不利于各个监管部门之间的信息共享与监管协作。

2. 监督处罚力度偏软

《暂行办法》规定外商投资企业或其投资者违反规定,在备案过程中出现未能按规定履行备案义务的行为,如备案信息存在重大遗漏或者其他违规行为的,则责令限期改正,逾期不改正或情节严重的,处3万元以下罚款。现实中责令改正与3万元以下的罚款威慑力有限,造成企业的违法成本过低,不利于外资备案制度的落实。

鉴于上述情况,我国应从以下三方面来完善我国现行的外资企业备案管理制度。一是注重与其他相关制度衔接,尤其是工商登记制度。外资企业设立和变更都需要到工商部门进行登记,而登记信息也相对完整,相关部门可以研究将商务部门的"外商投资综合管理应用"系统与工商的备案系统、海关和检验检疫局的备案系统进行对接,实现信息的共享。二是赋予商务部门、海关和检验检疫等外资监管机构信息收集的权利,即如果监管机构认为有必要,可以要求企业提供与其备案相关的投资、运营等方面的详细信息,进而提高监管效能。三是鉴于外资企业备案管理制度在外资管理方面的重要意义,要进一步加大对违反备案义务的外资企业的处罚力度,除提高罚款数额之外,还要将此种行为与企业及其投资者的信用挂钩,特殊情况下还可以暂停企业的生产经营,从而提高企业对备案管理制度的重视程度,促进该项制度效能的发挥。

(四) 完善信息公示共享制度

备案系统需要加强信息共享与互联互通。只有依法向社会公开企业的信用信息,同时加强信息在监管部门间的共享,才能更好地发挥信用信息在外资事中事后监管过程中的重要作用。企业的生产经营状况，以及相关部门对企业的监管、评价状况等，都要按照《企业信息公示暂行条例》(国务院令第 654 号)等有关规定及时得以公示，并在公示的基础上加强信息共享。

目前，各地区各部门都在积极推动本行政区域和本行业的信用信息公示平台建设，不断加强外资企业信用信息公示共享，但仍存在以下问题：

1. 公示平台重复建设

近年来，随着各地对企业事中事后监管的重视，纷纷打造自己的公示平台。有全国性的公示平台，如国家企业信用信息公示系统、中国海关企业进出口信用信息公示平台和全国外商投资企业年度投资经营信息联合报告信息公示平台(2016)等，也有地方性的信用信息公示平台，如深圳的市政府信用网、上海的诚信网等，还有一些具有信用信息公示功能的特殊平台，如深圳前海自贸区推出的"商事主体电子证照卡"和企业专属网页等。不同区域的信用信息公示平台虽名称各异，但功能相似，存在着重复建设的问题。数量众多的公示平台，给监管机构、各市场主体的使用带来了困惑。

2. 各平台公示信息范围有限

目前我国对信息公示的范围缺乏统一的标准，或者虽然有相关规定但又各有不同，因此导致数量众多的信息公示平台上所公示的信息普遍重复。如国家企业信用信息公示系统所公示的企业信息相对较全面，包括工商公示信息、企业公示信息、其他部门公示信息和司法协助公示信息等四个方面，但企业公示信息包括资产总额、负债总额等在内的部分内容，企业可以选择不公开。此外，中国海关企业进出口信用信息公示平台公示了企业的海关注册基本信息、信用等级和行政处罚信息，而全国外商投资企业年度投资经营信息联合报告信息公示平台(2016)仅公示了企业名称、统一社会信用代码和经营范围等工商注册信息。地方的公示平台公示信息更加有限，如上海诚信网仅公示信用状态为"绿灯"的企业名单。

3. 部分公示信息缺乏准确性和完整性

通过查看各个信息公示平台，我们可以发现，部分外资企业公示信息中的分支机构、再投资情况等重要信息的填报并不完整，而且企业在各个平台上的公示信息存在不一致的情况，相关部门对信息的真实性缺乏进一步核实。外资企业公示信息缺乏真实性和完整性，一方面是企业自身的问题，另一方面也是因为目前各个信息公示平台上的信息还多是静态信息，并没有把更多动态信息纳入体系中，从而造成公示信息与企业的实际情况不一致。

4. 共享功能未有效发挥

全国为加强事中事后监管开发了多个信息平台，但大部分系统多侧重于数据记录、查询与统计，各项监管信息之间未形成互联互通，数据同步还未完全实现，无法达到事中事后监管部门的信息共享。虽然各个监管部门通过平台能查询到外资企业的基本公示信息，但监管部门为了提高监管效能需要更全面的信息，需要能够快速简便提供决策支持的风险预警、大数据分析等信息，而这些对提高监管有效性十分重要的信息却无法在目前的平台得到。针对上述情况，我国可以从以下几方面完善我国的企业信息公示和共享制度。一是统一全国的信息公示平台建设。整合目前重复建设的平台，保留全国统一的信用信息共享交换平台，从而实现企业信用信息的全国共享共建和共管。二是明确外资企业信息公示范围，进一步扩大企业公示范围，并完善系统设置，确保企业公示信息全面完整。三是进一步加大公示信息的抽查力度。目前，工商部门对国家企业信用信息公示系统中公示的外资企业年度信息报告信息的抽查率极低，应该针对不同的企业性质设置不同的抽查率，对于负面清单中限制类的外资企业，应适当提高公示信息抽查比例，对于公示信息不实的企业制定严厉的处罚措施，同时通过年度信息报告、即时信息报送等方式，实时掌握企业的经营信息，提高公示信息的准确性。四是加强企业信息共享。打破各个监管机构之间的壁垒，尤其是要通过将各个执法机构封闭的系统与信息公示共享平台联通，从而实现信息归集与共享的及时性和完整性。

大力推动"证照分离"和"照后减证"改革,解决外资准入后准营的效率问题。营业执照和经营许可证是企业进入市场、获准营业的"两道门"。目前商事登记制度改革已完成"多证合一、先照后证"阶段性任务,但企业经过注册登记后拿到营业执照,还是要办理相关许可证才能开展相关经营活动。我们需加快"证照分离、照后减证"改革步伐,推动"审批与监管分离"的相对集中行政许可权改革,将更多分散于各职能部门的后置审批事项集中起来,由行政审批局统一行使一级地方政府的所有审批权力,同时按取消、备案、告知承诺、强化监管分类列出涉企证件清单。(见图 6 - 2)

图6 - 2 上海市综合监管平台的建设框架

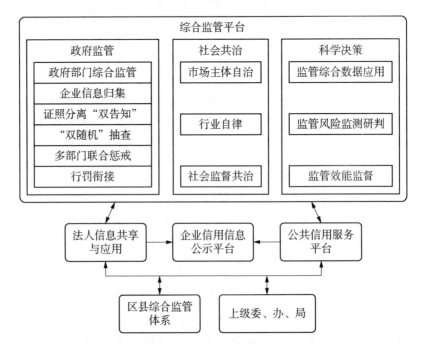

(五) 统一信用分类管理制度

从国内外的实践经验我们可知,在完备的企业信用信息库基础上,对外资企业进行信用分类管理,根据企业在经营、进出口、纳税及负责人等方面的信用状况,将企业分成不同的信用等级,并适用相应的奖励或限制措施,是提高事中事后监管效能的有力手段。目前,我国部分政府机构积极尝试在本系统内开展信用分类管理,如在企业提出申请的情况下,海关经过严格的资质审查和实地认证程序,按照《海关企业信用管理暂行办法》的规定,授予认证企业评级,未申请认证者默认为一般信用企业,而有违法违纪或其他不良记录的企业被认定为失信企业,同时会根据企业的信用状况定期对其信用评级进行调整。此外,不同信用等级的企业分别适用不同的事中事后监管措施,如认证企业中的高级认证企业,不仅能在国内享受包括海关在内的 40 个政府部门的联合激励措施,还能在国际市场享受相关便利通关待遇。另外,税务机关对纳税人也进行信用分类管理,根据不同信用状况将纳税人分为 A、B、C、D 四级,而《纳税信用等级评定管理试行办法》对每个信用等级的评定和相应的监管措施作出了详细规定。与此同时,天津自贸区提出了外资企业分类风险的管理制度,根据企业的不同信用情况,将企业分为良好、警示、失信和严重失信等四个类别,同时企业适用的监管措施也与其信用类别紧密挂钩。虽然我国个别政府机构在各自系统内建立了信用分类管理,但就全国而言还停留在各自为政的阶段,各种信用分类并存,政府、社会和企业自身在使用信用信息时难免会感到困难,因此我们可以从以下几方面来完善我国目前的信用分类管理制度:

1. 建立全国统一的信用分类管理制度

国务院制定包括外资企业在内的《企业信用分类管理条例》,整合各部门独立的分类管理措施,借助信息公示和共享平台的基础数据,建立全国统一的信用分类管理制度,包括信用等级、标准和相应的事中事后监管措施等内容,同时明确不同信用等级企业的进入和退出办法,并定期进行复审,做到诚信鼓励,失信惩戒,能进能出,动态调整。

2. 鼓励信用专业评级机构发挥作用

在建立全国统一的信用分类管理制度的基础上,积极引导第三方机构参与社会信用评价,同时鼓励专业的信用评级机构发挥自己的优势,发布某一行业或领域的信用评级供社会参考。

3. 积极引导社会力量参与信息分类管理

充分调动社会力量参与信用分类管理,引导社会舆论、行业协会和社会公众等主体对政府的信用评级过程、结果和信用等级调整等方面的情况进行监督,适时提出意见建议,通过社会监督来强化企业自律,建立一个使守法企业能够快速发展,不法企业无法生存、自动退出的信用环境。

(六) 完善外资企业信息报告制度

为顺利推进外资准入负面清单管理模式改革,我国相关政府部门正在积极推进外资企业信息报告制度建设。《企业信息公示暂行条例》(国务院令第 654 号)规定了企业年度报告公示制度,包括外资企业在内的所有企业应当按照规定,定期报送企业年度报告,并对信息的真实性、合法性负责。同时,海关系统也有企业年度信息报告制度,要求企业每年 6 月 30 日前向注册地海关报送上一年度的年度报告,内容涉及企业的基本信息、经营信息等。此外,我国商务部也规定在我国境内依法设立并登记注册的外商投资企业,应在每年规定期间报送"外商投资企业年度投资经营信息联合报告"。

尽管各监管机构有各自不同的年度信息报告要求,《外商投资法》第三十四条也对外资企业信息报告制度作了专门规定,但是如果要全面、完整、实时地掌握企业的生产、经营状况,我国仍需借鉴日本的事后报告制度以及其他国家的类似制度,完善外资企业信息报告制度。

1. 提升外商投资综合管理信息系统的共享功能

为确保外资企业信息报告制度的实现,外资主管部门开发了一个有别于工商和海关年度报告申报系统的新系统——外商投资综合管理信息系统,但该系统与其他公示系统的互通互联仍未实现,信息共享功能不强。

2. 做好与备案管理制度和其他信息报告之间的协同

《外商投资法》规定的报告制度需要与如现行的外资企业设立备案

和变更备案制度相衔接。而在监管机构信息共享的基础上,外资企业定期报告可以代替工商和海关的年度报告,从而避免企业重复报送内容相同的报告,提高监管效能。

3. 加大报告内容的抽查和处罚力度

企业信息报告真正发挥作用,相应的抽查和处罚措施是关键。目前企业不报送工商年度信息报告,将会被列入企业经营异常名录,而企业未按期报送海关企业年度信息报告,将会被给予暂停进出口权的处罚。我们要吸取企业年度信息报告制度的优缺点,从信息抽查和严格处罚两方面来进一步完善我国外资企业信息报告制度。一方面,要加强外资企业提供信息,包括定期报告信息和非定期报告信息的真实性核查,鉴于外资企业数量相对有限,为提高抽查率提供了可能,因此在借鉴工商"双随机"做法的基础上,大幅提高对外资企业报告信息的真实性、完整性和及时性的核查力度。另一方面,在大力核查报告信息的基础上,针对违反信息报告制度的外资企业要制定完善的处罚措施,对于逾期未申报定期信息报告的外资企业,给予一定的提醒和宽限期,到期仍未报送的则暂停其生产经营权直至完成补报,并在信用信息公示系统中予以公示;对于经核查发现企业未如实报送信息的情况,要加大处罚力度,除责令整改和提高罚款金额外,还要在一定时期内限制其晋升信用等级。累计多次违反信息报告制度的外资企业,要适当降低其信用等级,并在一定时期内不得恢复,同时还可以对企业或其负责人进行罚款等,情节严重的,还可以暂停企业生产经营权。

(七) 监管协作

实现以政府监管为主,企业和行业自律为辅,社会监督为补充的多元化、多层级的复核监管主体。众多监管主体要做到纵向分工明确,中央的政府机关及其他类似监管主体,主要负责在充分调查研究的基础上制定各自条线的监管方案,建立健全监管制度,同时负责监督相关制度的实施,并及时收集实施效果反馈,不断完善监管制度。地方的监管主体主要负责各种监管制度的具体实施,确保制度落到实处,并在中央机构授权的情况下,结合本地区实际,制定有针对性的地方性监管措施,定期向中央监管主体反馈实施效果。与此同时,中央和地方的各级监管主体要注重横向的沟通与协作,通过各种平台的建设,实现各部门事中事后监管信息的共享,强化信用信息的利用,并在此基础上形成完善的联合激励惩戒机制。

值得一提的是,在外资企业的事中事后监管过程中,虽然政府机构发挥重要作用,但将以会计师事务所、审计事务所和行业组织等为代表的社会力量引入外资的监管,同时调动企业配合与监督政府机构的积极性,对提高外资的事中事后监管水平具有重要意义(如图6-3)。① 例如,我国在债券市场的监管中就引入了银行间市场交易商协会来借助非政府力量对债券市场进行监管,政府将短融、中票、PPN的发行审批权力下放给协会,使协会事实上成为半政府的监管机构,并制定相关的法律法规来对这部分监管人员的行为进行规范,同时建议在负面清单的事中事后监管过程中建立监管标准制定与具体执行相分离的监管模式,由政府的具体部门去制定相关的监管标准,并由政府许可的第三方专业机构去具体操作,由此聚集公众、市场、政府多方的力量实施监管。②

图6-3 外资事中事后监管主体

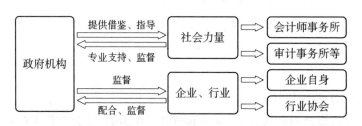

---

① 张亮:《负面清单引资模式下的事中事后监管体制研究》,2017年上海社会科学院硕士学位论文。

② 张杰:《我国自贸试验区负面清单管理变动趋势》,2017年国际贸易经济合作研究院硕士学位论文。

（八）上海可研究制定事中事后监管办法

作为首批《关于实行市场准入负面清单制度的意见》试点省市之一，上海市应在总结经验教训的基础上，加快研究制定事中事后监管方面的统一立法——事中事后监管办法，以便理顺和协调各部门之间的监管职责，避免多头监管和空头监管情形的发生，相关立法可在上海自贸区内进行试验，并加以完善。

事中事后监管办法应对企业市场准入后的事中事后监管推进协调机构、事中事后监管的主体、范围、程序、各部门之间的协调沟通以及监管责任等作出规定，各部门可以依据该办法结合本部门的具体情况制定相应的实施办法。

1. 建立专门的事中事后监管的推进协调机构

由于各监管部门之间缺乏必要的沟通协调，容易形成监管空档期，所以，成立专门的事中事后监管推进协调机构是十分有必要的。由该机构负责制定相关工作原则，完善事中事后监管的管理体制、程序、手段等，协调各部门之间的监管职能。

2. 建立健全信息公示制度和执法信息共享制度

依托企业信用信息公示系统，完善企业年报及即时信息公示、公示信息抽查、经营异常名录和严重违法企业名单等制度。企业从事生产经营活动过程中形成的信息，以及政府部门在履行职责过程中产生的能够反映企业状况的信息，要按照《企业信息公示暂行条例》等有关规定及时公示。目前，各地区各部门都在积极推动本行政区域和本领域的信用信息系统建设，如深圳的市政府信用网、上海市的公共信用信息服务平台以及深圳前海自贸区推出的"商事主体电子证照卡"和企业专属网页，但不同区域的信用信息平台的建设方各异，功能也不尽相同，因此，国家相关责任部门需统领全国的平台建设，争取早日建成全国统一的信用信息共享交换平台，从而实现企业信用信息的全国共享共建和共管。

此外，上海自贸试验区在探索信息共享方面走得比较超前，上线的信息共享体系，现在已经汇集了40多个部门、3万多家企业的700多万条信息,为负面清单管理模式下事中、事后监管提供了很多依据。① 不过,现在这个信息共享体系中还多是静态信息,接下来将探索把更多动态信息纳入体系中,目前国际贸易窗口有关信息已经在进行共享探索。下一步,需要打破各个监管机构之间的壁垒,尤其是要通过将各个执法机构封闭的系统与执法信息共享平台联通,从而实现信息的及时性和完整性,实现各部门间依法履职信息的互联互通、联动响应,形成分工明确、沟通顺畅、齐抓共管的监管格局,切实增强监管合力,提升监管效能。

3. 建立外资协同监管制度,形成各部门监管合力

其一,建立信息互联共享机制。地方政府要初步实现工商部门、审批部门、行业主管部门及其他部门之间的信息实时传递和无障碍交换。通过构建双向告知机制、数据比对机制,把握监管风险点,将证照衔接、监管联动、执法协作等方面的制度措施有机贯通,支撑事中事后监管。建立健全监管机关与同级人民法院、人民检察院等司法机关之间的信息共享和协调合作机制,有效形成工作合力。

其二,建立健全联合惩戒机制。要建立健全跨部门联动响应机制和失信惩戒机制,在准入、经营、投融资、进出口、出入境等工作中,将信用信息作为重要考量因素,对被列入经营异常名录、严重违法失信企业名单等失信主体依法予以限制或禁入,形成"一处违法,处处受限"的联合惩戒机制。对信用良好的企业给予政策便利,方便其进入市场,如提供绿色通道、简化流程先于信用评级低的企业办理手续;对信用低、黑名单内的企业,则建立起各种限制与惩罚措施,以督促其提高信用水平,如政府对其重点关注,定期地对企业进行监督管理。

其三,探索综合执法模式。探索推进统一市场监管和综合执法模式,按照减少层次、整合队伍、提高效率的原则,加强执法联动,形成监管合力,如上海自贸区已经开展的海关与检验检疫局的联合执法,就收

① http://www.gov.cn/xinwen/2015-12/12/content_5023022.htm 上海自贸区新增企业 2.1万家外商投资企业占比达20%,2016年8月14日。

到了良好的监管效果和社会效果,这种两个或多个部门的联合执法应成为常态,最终形成一个包含全体部门的综合执法体系,实现综合执法,联合监管,统一惩戒。

4. 健全市场诚信制度

推进社会信用体系建设,建立商事主体信用信息管理中心,将政府监管平台与社会公众信用平台相结合,监管部门根据大数据对企业授信,并以此制定自贸试验区统一信用共享目录。依据企业的信用情况,监管部门对自贸试验区内的注册企业进行风险分级,公众便可通过这一目录即时获取商事主体信用信息。

首先,构建"安全港"制度,进一步完善守信激励、失信惩戒机制。所谓的"安全港"制度是指符合一定诚信条件的企业可以享有减轻或免除处罚的权利。比如,在罚金总额不超过 10,000 美元时,美国商务部进口管理局秘书长有权根据被责成缴纳罚款的当事方提交的其近五年来对相关行为的良好记录,批准其减轻或取消罚款。我国也可考虑借鉴这样的制度,加大对守信的激励。

其次,大力培育征信市场体系。国外的经验表明,完善的诚信体系离不开一批专业的市场化的资信机构。建议鼓励发展一批征信公司,将部分领域的信息征集打包转让给市场化的征信公司,同时,由这些征信公司承担主要的信用信息分析、评级等工作,政府则退居二线,加强对征信公司的监管和引导。建立商业企业、供应商和消费者有关诚信信息数据库。

其三,对诚信口径和标准进行定量化、规则化。目前,我国某些城市的立法对该问题已经有所关注,比如《厦门市公共信用信息管理办法(试行)》第十条规定"市公共信用信息工作主管部门牵头会同各单位组织编制并公布市公共信用信息目录",信息提供主体应"按照相关规范进行编目分类和说明"。这一规定一定程度上可以解决各部门对于失信的认定标准不一、对于进入平台的内容认定不一等问题。但是值得注意的是,这样的规定仍显笼统。我们建议上海在编制信息目录对信息进行分类、说明时应尽可能定量化、规则化。

四、完善行政管理机制

2013 年《浦东新区跨国公司地区总部发展蓝皮书》显示，区位优势、接近目标市场客户、政府重信守诺、高效行政和良好便利的基础设施共同成为吸引跨国企业落户浦东并设立总部的五大重要因素，其中，政府因素占据五大因素中的两项，可见，构建法治政府和服务型政府的重要性。

权力清单以正面的、肯定的语气对政府的职责加以描述，根据"法无授权不可为"的原则，市场主体可以直接判断出行政机构的责任权限。我们认为，进一步完善相关行政部门的行政权力清单和责任清单，健全行政效能投诉制度是完善外资行政管理机制的首要任务。

为进一步厘清政府与市场的界限，规范权力运行，努力推动"该做的事情做到位"，推动实现"法定职责必须为"的目的，我们建议，相关行政部门可以在以下几个方面对权力清单与责任清单作出完善。

（一）细化清单项目

清单内容应包括权力类型、权力事项、责任事项，以及行政机关和工作人员的责任形式等基本内容，此外，还可增设实施依据（法定依据）、具体的实施机构、管理权限、运行流程（附流程图）、监督方式等项目。其中，依法公开权力运行流程，是全方位实施行政权力标准化管理的要求；监督方式将公众参与监督的方式方法公布于众，这是健全行政效能投诉制度的起点，要求对故意或者过失不履行、不正确履行法定职责，产生危害后果或者不良影响的，严肃追究行政监管人员的行政责任；行政监管行为造成重大损失或者恶劣影响的，应当对行政机关负责人进行问责，问责情况应当及时向社会公布。

（二）制定行政权力事项廉政风险点情况

我们可以对行政权力事项的廉政风险的表现形式、风险等级、防控措施等进行评估,并向全社会公开,其中,权力事项是对权力事项内容及其所属权力类型的具体描述;表现形式是对责任部门行使职权的行为不符合廉政要求的客观阐述,包括受理风险、立案风险、审查风险、审批风险、调查风险、决定风险、执行风险、送达风险等;风险等级是对责任部门行使职权的风险等级的评估,包括低、中、高风险三个等级;防控措施是职能部门自我防范、加强廉政建设的具体措施。行政权力事项廉政风险的制定并公开,一方面,可以引起全社会的关注和参与监督;另一方面,可以敦促各职能部门的自我检查与自我防控。

五、完善法定机构的立法

目前,法定机构在我国方兴未艾,尤其是随着陆家嘴金融城发展局在上海自贸区的诞生,成为自贸区政府职能转变的全新尝试,法定机构在自贸区的改革中也发挥着越来越重要的作用,并受到全国的关注。

(一)法定机构的概念与特征

法定机构是我国加快政府职能转变,把部分政府权力还给市场的产物,是破解传统体制与社会经济快速发展之间矛盾的必然选择,也是社会对公共服务的种类、效率和层次等要求越来越高与政府职能转变相对滞后之间的矛盾不可调和的产物,具有承接政府职能转变的重要功能,也是提升社会管理和服务水平的有效途径。

法定机构在我国算是新鲜事物,因为其成立时间较晚,全国范围内的数量也十分有限,而在其他国家和地区法定机构成立时间更早而且大量存在。法定机构在美国被称为"独立机构",在法国被称为"独立行政机构",在日本被称为"独立行政法人",在韩国被称为"独立执行机构"。纵观世界,法定机构大致可以分为三大类:英国模式、香港模式和美国模式。以英国、新加坡为代表的英联邦国家的执行机构没有独立的地位,仍隶属于政府某个部门,受主管部门领导,在重大项目、预算经费和人事任免等方面受主管部门的管理和约束。香港法定机构是公共管理制度的一大特色：香港的法定机构是存在于政府行政系统之外的一个独立的体系，不像"英国模式"隶属于一个政府部门，但与有关政府部门保持着"虚线"联系，属于"半官方"机构。[①] 美国模式的最明显的特点在于独立行政机构，集立法、司法、行政三权于一身，权力很大，办事效率也高。[②]

1. 法定机构的概念

目前，关于法定机构国内并没有统一的定义，各个试点地方在各自的地方法规或规章中对法定机构作出了自己的界定。如 2007 年，深圳市政府发布的《关于推行法定机构试点的意见》中对法定机构的界定是：法定机构是依特定立法设立，依照国家有关法律、法规、规章规定进行监管，具有独立法人地位的机构。2011 年，广东省编办制定的相关规定对法定机构的表述是：根据特定的法律、法规或者规章设立，依法承担公共事务管理职能或者公共服务职能，不列入行政机构序列，具有独立法人地位的公共机构。

笔者认为，广东省编办的对法定机构的定义涵盖了设立依据、主要职能、编制特征和机构定位等方面的内容，是对法定机构的内涵比较完整的表述，但仍缺乏治理结构、组织架构、人员构成和经费来源等重要内容。一般而言，法定机构是指依据专门法律法规或规章等设立的，承担公共事务管理职能或公共服务职能，实行自主管理、独立运作，经费来源灵活，能够独立承担法律责任的公共机构。法定机构既非政府，也不同于普通的事业单位，而是实行企业化管理，但不以营利为目的的公共机构，而且它享有完整的区域管理权限。前海管理局局长郑宏杰曾这样描述其职能：是企业化的政府，但不是政府的企业。[③]

---

① 何亚伟：《事业单位改革背景下试行法定机构的研究》，苏州大学 2015 年博士生毕业论文。

② 刘霞：《从美国独立行政机构职能看我国管理性事业单位归属》，《中国行政管理》1995 年第 8 期。

③ 李爱明：《法定机构：企业化的政府》，http://finance. sina. com. cn/g/20110819/234310348257. shtml [EB/OL]，2016 年 10 月 12 日。

2. 法定机构的特征

根据法定机构的定义可知,与一般法人机构相比,法定机构具有自身明显的特征,具体有以下几方面:

第一,法律定位不同。我国法律把法人区分为机关法人、事业法人、企业法人和社团法人等四类,而法定机构是上述四种法人类型之外的新型法人主体。目前我国法律对该类新型法人主体的概念、作用与特征等内容并没有明确的规定,仅有部分试点城市的相关规定中有地方性的界定。

第二,依据特定法律规范成立和运作。量身定制相关法律规范,充分体现管理运作上的自身特性,这是法定机构最重要的特征。机构的设立、职责、经费来源、管理机构等内容都是由专门的机构法律、法规或规章来规定,每个法定机构都有一个专门的法规或管理条例。也就是说,法定机构都是根据特定的法律法规或规章而成立并受其监管。

第三,法人治理结构。作为半独立、半官方组织,法定机构的治理结构一般由理事会、管理层组成,建立和完善以决策层及其领导下的管理层为主要架构的法人治理结构,实行民主管理、社会监督。与政府部门相比,有较大的管理、人事聘用和财政自主权,依法自主进行公共监管或者提供公共服务,并且独立承担法律责任。

第四,可以行使部分公共权力。法定机构是政府架构的一个重要补充,是公务员体系之外执行公共事务和公共服务的专门机构。总体上看,法定机构是从行政体制中剥离出来的但又不进入市场的机构,法定机构行使的是政府权力之外的社会公共权力,能对公共利益的实现产生重要影响。

(二) 法定机构在我国的发展现状

2007 年开始,广州、深圳、珠海等市开展了法定机构改革试点。2011 年,广东省机构编制委员会办公室在借鉴深圳先行试点的基础上出台了《关于在部分省属事业单位和广州、深圳、珠海市开展法定机构试点工作指导意见》。2011年1月，依据《前海深港现代服务业合作区条例》，中国内地首个法定机构——前海管理局在深圳成立。这标志着中国的机构改革迈出了革命性的一步。作为国家唯一负责区域开发和综合管理的法定机构，前海管理局具体负责前海合作区的开发建设、运营管理、招商引资、制度创新、综合协调等工作。管理局实行企业化管理但不以营利为目的，并将政府行政管理职能和市场化开发运营职能有机结合，从而优化了政府监管，激发了市场活力。

2012年8月，广东佛山市顺德区人大常委会正式公布审议通过的《佛山市顺德区法定机构管理规定》和各法定机构的管理规定共5份文件，顺德首批4个法定机构宣告诞生，这是顺德加快构建"大部制、小政府、大社会"治理服务模式的又一创新举措。截至2014年3月，广东省共有13家机构已进入法定机构试点行列。①

2016年2月广州市政府常务会议审议通过《广州市2016年度政府规章制定计划》，包含16个立法项目，其中提出，将在南沙新区设立明珠湾区开发建设管理局和产业园区开发建设管理局两个法定机构，承担公共事务管理职能。

2016年8月，上海陆家嘴金融城召开理事会成立大会，按照企业化组织、市场化运作的"法定机构"陆家嘴金融城发展局在上海自由贸易试验区正式挂牌。在充分借鉴国际先进经验的基础上，结合陆家嘴金融城的特殊功能定位，上海市委、市政府决定在陆家嘴金融城开展体制改革试点，在全国率先实施"业界共治+法定机构"的公共治理架构。

（三）我国关于法定机构的立法现状

1. 一机构一规章或法规，缺乏统一立法。从法定机构集中地广东省的试点情况看，法定机构是因机构而立法，即先有机构再逐步推动立

---

① 黎少华、艾永梅：《广东法定机构改革试点调查》，http://news.xinhuanet.com/fortune/2014-03/17/c_126278014.htm[EB/OL]，2016年10月10日。

法。每一个法定机构都有相应的地方性法规或政府规章作为其设立、运作的基础和依据。比如,《深圳市前海深港现代服务业合作区管理局暂行办法》《南方科技大学管理暂行办法》等。这种分散立法的状况具有规定明确、针对性强、具有可操作性等优点,但缺点也显而易见,法定机构的立法要经过调研、研讨、论证、审议等多个程序,每个法定机构立法不可避免出现重复立法的问题,从而造成立法资源的浪费。同时,缺乏高层级的统一立法的问题也十分突出,虽然有《佛山市顺德区法定机构管理规定》等类似综合性的规定,但大都位阶太低,发生作用的范围有限。如此将导致各个部门之间的衔接出现不畅,如广东省航道局在推行法定机构试点时计划保留原有人员参公身份,但人力资源行政主管部门不同意,试点工作不得不搁浅。[1]

2. 相关法律配套不健全。法定机构的设立不仅是体制问题也是机制问题,可能牵涉到人力资源、社会保障、财政和工商等各个行政部门,如果仅有针对法定机构的具体管理办法,而缺乏相关配套法律法规,将导致相关操作困难。如法定机构在法律地位上应属于独立于机关法人、事业法人、企业法人和社团法人等之外的特殊法人主体,但我国的相关民法和相关工商登记法律法规并没有及时跟进修改,故导致法定机构在登记时无从选择的状况,如有的法定机构按事业法人登记,依法独立运作,主要代表有前海管理局等,而有的以企业法人的形式登记注册成立,实行企业化组织,主要代表是陆家嘴金融城发展局。

3. 具体立法并不完全利于法定机构独立运作。独立运作是法定机构的重要特征,而在法定机构的管理办法或条例中存在着一些限制这方面特征的内容,涉及人事安排、经费来源等重要内容。如个别管理办法或条例对法定机构的公务员人数进行了限制,尤其是规定主要负责人要政府指派公务员来担任,如法定机构在主要负责人为政府机构

---

[1]　黎少华、艾永梅:《广东法定机构改革试点调查》,http://news. xinhuanet. com/fortune/2014-03/17/c_126278014. htm [EB/OL],2016 年 10 月 10 日。

公务员,其很难完全摆脱机关传统体制的工作方式和思路,而这显然对法定机构的运作产生重要影响。此外,按照相关管理办法和条例的规定,一些法定机构的资金全部或部分来自政府拨款,在财务不能独立的情况下,要完全做到机构独立运作,难度可想而知。

(四) 完善我国关于法定机构的立法

针对我国在法定机构立法方面存在的上述不足,我们有必要根据法定机构的发展现状和实践经验,结合我国具体国情,不断完善相关立法,主要包括以下几方面:

1. 实现不同级别的统一立法

法定机构改革代表着我国事业单位特别是公益服务类事业单位的改革方向。按照珠海市的判断,该市 80% 以上的公益类事业单位将会变身为法定机构。数量如此庞大的法定机构如果实现一机构一规章或法规的话,相关规章和法规的数量将十分惊人。为了避免上述状况的出现,我们可以学习日本的经验,制定中央统一立法。日本专门制定了《独立行政法人通则法》,从 2001 年起推行独立行政法人制度,它们不受国家机关过度干预,享有较大自主权,引入市场原理,强调绩效,设立"法人长"及监事制度等。[①]

在目前阶段,鉴于我国各地的经济社会发展状况不一,法定机构的发展水平不同,同一区域内不同行业的法定机构也存在差异,我们要分步骤实现中央统一立法。第一步,同一行业的法定机构实现统一立法;第二步,在省级行政区划内实现法定机构的统一立法;第三步,在总结各行业立法和各省级立法经验的基础上,最终实现全国统一立法。统一的中央立法内容大多是原则性的、概括性的,仅规定每一类法定机构的法定职责、管理方式和运行机制等主要内容,具有指导意义,特殊行业法定机构的管理机构、资金来源、人员构成等具体内容可以由特别管

---

① 宋功德:《从事业单位到法定机构》,http://views. ce. cn/main/qy/xzgl/201008/11/t20100811_21711255. shtml[EB/OL],2016 年 10 月 10 日。

理条例来统一规定。

2. 修改完善相关配套法律法规

法定机构改革是一个系统性工程,牵涉到各个相关部门和行业。因此,为了保障法定机构改革的顺利推进,我们有必要修改完善相关配套法律法规。在中央层面,需要修改相关法律中关于法人的规定,增加法定机构的相关内容,从中央立法的层面对法定机构的功能、成立条件与特征等内容作出规定,同时,相关部门也要根据上述修改来完善各自的行政法规或规章,如工商注册登记的相关规定、税务相关规定等。在地方层面,要打破部门之间的壁垒,在一个法定机构成立的同时,要及时修改其他部门的相关规定与该法定机构的规定存在的不一致的地方,确保法定机构实践能落到实处。

3. 进一步完善法定机构立法的具体内容

法律法规或规章是法定机构成立与运行的依据与保障,相关立法也应该充分保障法定机构的独立运作与功能发挥。如法定机构最重要的特征之一就是企业化的独立运作,而相关立法在规定机构人员构成时就应该控制管理层中公务员的数量,尤其是在决策机构的人员构成上要确保能独立发挥作用。在法定机构的经费来源上,要尽量确保其经费来源的多样化,同时要以机构的自身创收为主要经费来源,从而摆脱对政府财政的过度依赖。在法定机构的监督方面,可以规定采取多种灵活的方式,避免政府机关对法定机构的过度干预,确保机构最大程度的自主权。总之,法定机构的立法要充分尊重法定机构自身的特征和运行规律,避免出现阻碍法定机构实现其职能的立法内容,为法定机构的发展壮大提供法律保障。

总体来说,我国法定机构改革才刚刚起步,相关法律保障还存在着不足,但随着法定机构的实践经验不断积累,法定机构的理论研究不断深入,尤其是自由贸易试验区内法定机构的创新举措不断涌现,相关的法律配套将逐步完善,从而为法定机构在我国政府职能转变,机构改革中发挥更大的作用保驾护航。

六、全面构建负面清单管理的透明度机制

(一) 上海自贸区的立法及实践

负面清单需要为投资者提供一个稳定和可预见的法律环境,政府所承担的透明度义务水平较高,同时,负面清单对政府执政水平和执政能力的要求也相对较高,因此,上海自贸区相关立法及《外商投资法》对政府承担的透明度义务作了较高层次的要求。

上海自贸区是国务院批准设立的自由贸易试验区,建立这一试验区的前提就是相关法律法规的完善和立法方式的转变。上海自贸区立法和实践对于投资透明度制度的内涵有了较高层次的界定,主要表现在如下几个方面:

1. 确保公民参与立法的有效实现

完善和推行行政立法方式改革,确保公民参与立法的有效实现是上海自贸区法治建设的任务之一。上海市政府在制定自贸区管理措施和政策之前必须通过合理方式听取行政相对人的意见和诉求,在立法准备阶段听取被管理者的意见,使行政相对人的意志尽可能地反映在行政立法过程中。《上海自贸区条例》第 52 条和第 53 条明确规定了增强自贸区立法的透明度,细化了公众参与自贸区立法的方式与路径,内容包括:有关自贸试验区的地方性法规、政府规章、规范性文件,应当主动公开草案内容,征求社会公众、相关行业组织和企业等方面的意见;应当在通过后及时公开,并予以解读和说明,还应当对社会各方意见的处理情况作出说明;在公布和实施之间,应当预留合理期限,作为实施准备期;公民、法人和其他组织对管委会制定的规范性文件有异议的,可以提请市人民政府进行审查。

2. 提高行政透明度、完善政府信息公开制度

提高行政透明度,完善体现投资者参与、符合国际规则的信息公开机制,可以在自贸区试点过程中促进经济效益的最大化,提高行政效率,降低市场交易成本,预防市场机会主义。为此,《中国(上海)自由贸

易试验区总体方案》指出：提高行政透明度，完善体现投资者参与、符合国际规则的信息公开机制。《上海自贸区条例》第54条细化了自贸区政府信息公开制度，规定建立自贸试验区信息发布机制，通过新闻发布会、信息通报例会或者书面发布等形式，及时发布自贸试验区相关信息，此外，管委会应当收集国家和本市关于自贸试验区的法律、法规、规章、政策、办事程序等信息，在中国（上海）自由贸易试验区门户网站上公布，方便各方面查询。《中国（上海）自由贸易试验区管理办法》进一步明确了自贸区管委会的职责，即具体负责自贸区内信息化建设工作，组织建立自贸试验区监管信息共享机制和平台，及时发布公共信息，尤其在金融服务、航运服务、商贸服务、专业服务、文化服务和社会服务等领域重点公开相关政府信息。

（二）《外商投资法》的出台

《外商投资法》是我国外商投资管理体制改革的一个里程碑，是我国外商投资领域的基础性法律。该法将准入前国民待遇加负面清单管理制度作为外资准入的基本制度。相比较于三资企业法，《外商投资法》在透明度制度有了较为显著的进步。《外商投资法》提高了透明度规则的地位，在第一章"总则"中明确规定"透明、可预期的市场环境"条款，规定"国家实行高水平投资自由化便利化政策，建立和完善外商投资促进机制，营造稳定、透明、可预期和公平竞争的市场环境"。

体现"公开透明原则"的相关透明度规则散见于《外商投资法》各个章节之中，主要有"信息报告""投资促进""投资保护""投诉协调处理"等制度。通过对各条款的分析，我们认为《外商投资法》的透明度规则主要内容和特点如下：

1. 透明度义务的规制主体

根据《外商投资法》的规定，透明度义务的规制主体不仅包括投资东道国，具体而言即是我国外国投资主管部门等国家机关，还增加了对外国投资者和外国投资企业（以下简称"投资者"）披露义务的透明度要求。第五章"信息报告"就投资者的信息报告时间和期限、内容、途径、条件、例外情形等作了详细规定,第十章"法律责任"还进一步规定了违反信息报告义务应承担的行政法律责任或刑事法律责任。

笔者认为,《外商投资法》对投资者信息报告义务的规定,符合国际投资协定关于透明度义务的最新要求,体现了我国在对外商投资实行负面清单管理模式之后需要进一步加强事中事后监督的制度需求。《外商投资法》明确规定对外资准入采取负面清单管理的模式,负面清单领域外的外商投资将由原先的审批制变更为备案制,因此,事中事后监管机制的完善与实施将关乎市场经济的秩序与健康发展。我们知道,事中事后监管机制的实施必须以企业信息报告与公开为基础,因此,外商投资信息报告制度可谓是应运而生。

2. 透明度义务的程度

《外商投资法》对透明度义务的程度大大提升,增加了公众参与立法程序的规定。根据相关条款的规定,国家不仅需要依法公开企业信息、及时公布与外国投资有关的法律法规和司法判决,外国投资者、外国投资企业还可依法参与法律法规制定程序,并发表评论意见。

3. 透明度义务的实施保障机制

《外商投资法》尽管没有专门规定透明度义务的实施保障条款,但涉及透明度义务的纠纷同样适用该法的纠纷解决机制,包括依法申请行政复议、提起行政诉讼,以及通过外商投资企业投诉工作机制申请协调解决。

(三) 完善透明度机制的建议

1. 坚持国际义务与国内立法相适应的原则

我国处于经济和社会的急剧转型和发展时期,法治水平还不高,外资管理和海外投资的法律、法规尚处于探索和调整阶段,附加超越我国特定阶段的透明度和利益相关方参与的条约义务,明显不利于我国政府对经济活动进行宏观调控职能的有效发挥。因此,我国对外签订投资协定对透明度规则的制定应当与我国国内立法相适应,也就是说,国际协定透明度义务水平需要与我国法治发展水平、外资立法尤其是外资准入制度和经济发展战略相适应。例如,对于美国 2012 年范本在透明度条款中增加了外国投资者参与东道国"标准制定"过程的表述,在金融服务条款中涉及了允许投资者和利益相关者对拟出台法规发表合理意见的规定以及在相关注释中进一步明确了政府授权的界定,这些条款的内容不仅超越所谓透明度规则的字面含义,突破了投资利益相关方参与规则所调整的通常范围,更是与我国现阶段经济发展战略相背离。因此,在中美 BIT 谈判等国际立法及国内外资立法中,对于此类透明度义务规则,我国应采取不予接受的态度。

2. 国际立法的透明度义务实行单轨制

透明度原则在国际投资中的制度价值已得到大多数国家公认,然而,中国缔结的 130 多个 BIT 中,涉及透明度的还不到 10 个,且透明度原则的内容变化较大,没有健全的体系。但是,我国签署的 FTA 所规定的透明度条款水平较高,我国 BIT 和 FTA 形成了透明度义务双轨制的缔约模式,一方面,BIT 透明度条款较为简单,通常以公布义务、信息通报和提供为主,另一方面,FTA 的透明度义务和美国 2004 范本类似,水平较高。这种双轨制的缔约模式没有实际意义,因为 FTA 都含有投资章节,透明度原则及相关条款同样适用于投资章节,没有必要在 BIT 中坚持简化的缔约思路。[①]

3. 明确缔约立场,制定统一的谈判范本

在缔结国际条约或协定时,我国往往跟随对方的谈判要价而被动接受,没有既定的谈判范本和缔约立场,比如 1988 年与澳大利亚缔结的投资条约中就已经规定透明度义务,但 20 世纪末缔结的其他投资条约却没有透明度要求。再如,透明度义务是否纳入投资仲裁态度不一:有的投资条约笼统将违反透明度的行为纳入投资仲裁范围,如中国与芬兰 2004 年 BIT 第 12 条是透明度条款,争端解决机制第 9 条"投资者与缔约另一方争议解决"中规定"缔约一方与缔约另一方投资者之间因

---

① 叶楠:《发展中的国际投资协定透明度原则及其对中国的启示》,《武大国际法评论》2014 年第 2 期。

投资产生的任何争议……经投资者选择,该争议可提交国际投资仲裁"。而中国与加拿大 2012 年 BIT 中,明确规定整个透明度条款都不属于投资仲裁的受案范围。这种缔约模式的不统一可能导致我国投资者在海外维权时感到比较困惑。因此,我们建议,借鉴美国的经验,我国应制定并公布 BIT 范本,并根据国内立法的变化及国际实践的发展,对之适时加以修订。

4. 进一步完善国内法治环境

国际条约义务的承担离不开国内法律的制定与实施。我国已经形成了较为完善的保障投资者权益透明度制度运行的法律体系。例如,进一步完善信息公开立法,提高信息公开的立法位阶。按照立法权限,《政府信息公开条例》是国务院制定的行政法规,不能给人大、法院、检察院设立公开信息的义务,为此,我们建议,为进一步保障投资透明度制度的实施,在条件具备时,应由全国人民代表大会或其常务委员会适时制定《国家机关信息公开法》,全面拓展信息公开主体范围。

主要参考文献

1. 谢地等:《法经济学》[M],北京:科学出版社,2009 年版。

2. 卓泽渊:《法政治学》[M],北京:法律出版社,2005 年版。

3. 王勇:《国际贸易政治经济学——全球贸易关系背后的政治逻辑》[M],北京:中国市场出版社,2008 年版。

4. 陈丽华:《WTO 与中国外资立法问题研究》[M],北京:光明日报出版社,2009 年版。

5. 陈继勇等著:《国际直接投资的新发展与外商对华直接投资研究》[M],北京:法律出版社,2004 年版。

6. 余劲松:《国际投资法》[M],北京:法律出版社,2014 年版。

7. 宿景祥:《美国经济中的外国投资》[M],北京:时事出版社,1995 年版。

8. 刘笋:《国际投资保护的国际法制——若干重要法律问题研究》[M],北京:法律出版社,2002 年版。

9. 徐泉:《国际贸易投资自由化法律规制研究》[M],北京:中国检察出版社,2004 年版。

10. 卢炯星主编:《中国外商投资法问题研究》[M],北京:法律出版社,2001 年版。

11. 陈安主编:《国际经济法论丛》[M],第 3 卷,北京:法律出版社,2000 年版;第 4 卷,北京:法律出版社,2001 年版;第 6 卷,北京:法律出版社,2002 年版;第 7 卷,北京:法律出版社,2003 年版。

12. 单文华、娜拉-加拉赫:《中外投资条约研究》[M],魏艳茹、李庆灵译,北京:法律出版社,2015年版。

13. 肖林、张涌:《中国(上海)自由贸易试验区制度创新:回顾与前瞻》[M],北京:格致出版社、上海:上海人民出版社,2017年版。

14. 陈安主编:《国际投资法的新发展与中国双边投资条约的新实践》[M],上海:复旦大学出版社,2007年版。

15. 苏里亚·P.苏贝迪:《国际投资法:政策与原则的协调》[M],张磊译,北京:法律出版社,2015年版。

16. 鲁道夫·多尔查、克里斯托弗·朔伊尔:《国际投资法原则》[M],祁欢、施进译,北京:中国政法大学出版社,2014年版。

17. 郑之杰:《"走出去"的法律问题与实践》[M],北京:法律出版社,2014年版。

18. 杨泽伟:《国际法析论》[M],武汉:武汉大学出版社,2012年版。

19. 辛宪章:《国际投资争端解决机制研究》[M],大连:东北财经大学出版社,2014年版。

20. 卢进勇、余劲松、齐春生主编:《国际投资条约与协定新论》[M],北京:人民出版社,2007年版。

21. 梁开银:《中国双边投资条约研究》[M],北京:北京大学出版社,2016年版。

22. 杜奇华:《国际投资法概论》[M]北京:首都经贸大学出版社,2015年版。

23. Regionalism and the Multilateral Trading System-The role of regional trade agreements, OECD Observer, August, 2003.

24. Daniel D. Bradlow and Alfred Escher: LegalAspects of Foreign Direct Investments, Kluwer Law International, 1999.

25. E. C. Nieuwerhuys and M. M. T. A Brus edited: Multilateral Regulation of Investment, Kluwer Law International, 2001.

26. MirianKereOmalu: NAFTA and the Energy Charter Treaty, Compliance with Implementation and Effectiveness of International Investment Agreements, Kluwer Law International, 1999.

27. UNCTAD, Policy Options for IIA Reform: Treaty Examples and Data (Supplementary Material to World Investment Report 2015), Working Draft (last updated 24 June 2015), "Options for IIA Reform: Fair and Equitable Treatment(FET)"

28. Muchlinski P, Ripinsky S. "Fair and Equitable Treatment: a Sequel" UNCTAD Series on Issues in International Investment Agreements II. 2012.

29. Rachel L. Wellhausen, Recent Trends in Investor-State Dispute Settlement, Journal of International Economic Law, Vol. 10, Issue 3,2007.

30. Caroline Henckels, Protecting Regulatory Autonomy through Greatwe Precision in Investment Treaties: The TPP, CETA, and TTIP, Journal of International Economic Law, Vol. 19, No. 1,2016.

31. L. Reed, J. Paulsson and N. Blackaby. A Guide to ICSID Arbitration. Kluwer Law International, 2010.

32. Kenneth J. Vandevelde, Bilateral Investment Treaties: History, Policy and Interpretation, Oxford University Press, 2010.

33. Ian Brownlie, Principles of Public International Law, Clerendon Perss, Oxford 1990.

后　记

本书稿来源于 2014 年上海市哲学社会科学规划课题。2013 年 9 月,中国(上海)自由贸易试验区正式成立。上海自贸区一系列政策文件的发布,让"负面清单"这个词迅速被社会各界所关注。"准入前国民待遇加负面清单管理制度"被学者们从众多视角加以研究。作者申请这一课题,即是希望从国际投资法的视角,总结"准入前国民待遇加负面清单管理模式"的国际经验,为上海自贸区的制度创新提供国际高标准的对标模板。

作者原计划在两年之内完成书稿,但自上海自贸区成立之后,各项创新制度层出不穷,负面清单不断更新,作者随之不断地更新资料,完稿计划也一再被延迟。本书稿于 2019 年完稿之后,2020 年版的负面清单又出台了。因此,作者未能及时的更新资料,敬请读者谅解。

作者在撰写书稿的过程中,各地自贸区纷纷建立。"准入前国民待遇加负面清单管理制度"也从最初的上海自贸区的一项创新制度,到如今被纳入《外商投资法》,成为在全国范围内实施的一项法律制度。这是上海自贸区制度创新与推广的成功典范,同时也充分体现了中央全面深化改革开放的决心和勇气。

负面清单还在继续更新与调整,相关研究任务还远未结束。为此,我们不仅要从国内经济发展现状,而且还要从国际形势的变化,深入研究符合中国国情的负面清单。这是我们每一位国际法学人的使命与担当。

本书能够面世,特别感谢上海市哲学社会科学规划办公室的项目支持,感谢上海社会科学院法学研究所的出版资助,同时,我还要感谢父亲王明朗、母亲宋杏花对我的教导与鼓励,感谢先生陈峰与儿子给予我的支持与力量!

王海峰
2021 年 1 月于上海

图书在版编目（CIP）数据

外商投资准入国民待遇与负面清单管理法制研究/王海峰著.—上海：上海三联书店，2021.8
（上海社会科学院法学研究所精品文库）
ISBN 978－7－5426－7495－1

Ⅰ.①外… Ⅱ.①王… Ⅲ.①外商投资—涉外经济法—研究—中国 Ⅳ.①D922.295.4

中国版本图书馆 CIP 数据核字（2021）第 143686 号

外商投资准入国民待遇与负面清单管理法制研究

著　　者 / 王海峰

责任编辑 / 郑秀艳
装帧设计 / 一本好书
监　　制 / 姚　军
责任校对 / 张大伟　王凌霄

出版发行 / 上海三联书店

　　　　　　（200030）中国上海市漕溪北路 331 号 A 座 6 楼
邮购电话 / 021－22895540
印　　刷 / 上海惠敦印务科技有限公司

版　　次 / 2021 年 8 月第 1 版
印　　次 / 2021 年 8 月第 1 次印刷
开　　本 / 640mm×960mm　1/16
字　　数 / 140 千字
印　　张 / 11.25
书　　号 / ISBN 978－7－5426－7495－1/D·508
定　　价 / 50.00 元

敬启读者，如发现本书有印装质量问题，请与印刷厂联系 021－63779028